_____ 님께

그놈의 마케팅

그놈의 마케팅

지은이 신영웅
그린이 빛정 (김희정)
펴낸이 임상진
펴낸곳 (주)넥서스

초판 1쇄 발행 2019년 3월 12일
초판 3쇄 발행 2019년 4월 12일

출판신고 1992년 4월 3일 제311-2002-2호
10880 경기도 파주시 지목로 5 (신촌동)
Tel (02)330-5500 Fax (02)330-5555

ISBN 979-11-6165-602-1 03320

이 도서의 국립중앙도서관 출판예정도서목록(CIP)은 서지정보유통지원시스템
홈페이지(http://seoji.nl.go.kr)와 국가자료공동목록시스템(http://www.nl.go.kr/
kolisnet)에서 이용하실 수 있습니다. (CIP제어번호 : CIP2019007352)

www.nexusbook.com

저는 가장 세속적인 일을 하는 마케터입니다

그놈의 마케팅

HIS marketing
ANNOYING marketing

신영웅 지음

넥서스BIZ

추천의 글 1

그는 때때로 '몹쓸 직원'이었다. 내게 '그렇게 하면 안 된다'는 말을 참 많이 했다. 언제나 예의 바른 언행으로 조목조목. 연공서열이 엄격한 공무원 사회에서 '일이 되는 것'에 더 집중하는 그였다. 트레이드마크인 모자와 후드티, 반바지 룩에서 자유로운 영혼을 연상케 하다가도 일을 할 땐 생각의 질서가 탄탄한 프로페셔널의 면모를 숨기지 않는 반전을 선보였다.

이 책에도 그의 일하는 방식이 고스란히 스며들어 있다. 책장을 넘기다 보니 나의 청년 시절이 겹쳐진다. 세대가 다르고 시대가 변했지만 누군가를 설득해야 하는 직업을 가진 사람들의 고민은 그때나 지금이나 엇비슷하다. 어디를 바라보고 누구를 위해 일해야 하는지, 그 지향에 어떻게 다가가야 하는지, 철학과 트렌드의 교차점에 생각을 머물게 만드는 글이다. 오늘, 그에게 또 한 수 배운다.

서울시장 박원순

그는 내가 한국에 와서 만난 제자 중 최장수 조교다. 사실 첫 대면이 인상적이었다. 약속시간에 늦지 않으려고 신촌역에서부터 빌링슬리관까지 뛰어온 그는 얼굴이 땀범벅이 된 채로 양손에 든 커피 두 잔을 내게 보이며 첫 질문을 했다. 그 질문에서 그가 천생 마케터라는 것을 감지할 수 있었다.

"쌉쌀한 아메리카노와 달콤한 바닐라라테 중에 뭘 드시겠어요?"

이 책도 그가 내게 했던 첫 질문과 다르지 않다. 그는 책에서도 늘 자신과 소통해야 할 상대에 집중하고 있다. 이는 마케터가 항상 놓지 말고 있어야 하는 기본 중에 기본이다. 이 책을 한마디로 정의하면 딱딱한 마케팅 원론을 재미있고 실감나게 풀어쓴 맛깔나는 책이다. 마케터가 되고 싶은 이들, 혹은 설득커뮤니케이션 상황에 놓여 있는 많은 이들에게 이 책을 추천한다.

연세대학교 언론홍보영상학부 조창환 교수

마케팅, 브랜딩 영역에서만큼은 정답보다 중요한 것이 오답 아닐까. 한치 앞도 알 수 없는 망망대해에서 수없이 많은 실패와 시행착오를 거치며 배를 바로 세우는 이가 소위 정답주의자보다 롱런하는 것을 보아왔기 때문이다. 한때 동료였던 그는 늘 사소한 인사이트에도 귀 기울이고 자신의 스탠스를 고민하며 겸손히 바로잡아가는 사람이었다. 이 책에 담긴 그의 스토리가 많은 분들께 깊은 공감과 성찰을 주리라 생각한다. 앞으로도 계속될 브랜드 마케터 신영웅의 흥미진진한 도전을 응원하며!

펍지주식회사 크리에이티브실 이문섭

마케팅으로 직무를 옮기고 방황하던 내게 기본을 알려준 고마운 책. 사실 지금까지 마케팅의 A-Z를 알려주겠다고 한 책은 많았다. 그러나 실제로 읽어보니 그런 책은 없었다. 이 책도 마찬가지다. 그러나 이 책은 Z까지는 아니더라도 마케팅의 A, B, C는 확실히 알려준다. 나처럼 마케팅을 어떻게 해야 할지 몰라 방황하는 입문자에게 강력 추천한다.

오리온 브랜드 매니저 'B'

'좋은 마케터란 무엇인가?'에 대한 영웅이의 솔직 담백한 고민과 성장 이야기. 영웅이의 집필 과정이 '좋은 마케터로 이미 완성되어 사람들에게 정답을 제공하기 위한 목적이 아닌 여전히 좋은 마케터로 성장하기 위해 고민하고 또 고민한 내용을 정리해 나가는 것'임을 알기에, 책을 읽으며 나 또한 스스로를 돌이켜보는 유익한 시간이었다. 이 책을 통해 다양한 사람들이 함께 고민하고 또한 용기를 얻을 수 있기를 기대한다.

지그재그 CMO 김정훈

마케터에게 담당 상품은 내 자식 같은 존재다. 아이를 '사랑'하는 마음으로, 사람들에게 '사랑'받는 아이로 키우기 위해 온 신경을 집중해야 한다. 그리고 이 과정은 즐겁기도 하지만, 힘들기도 하다. 저자는 마케터로서 어떻게 자신의 브랜드와 '사랑'에 빠지고, 어떻게 사람들에게 '사랑'받도록 만들까 고민했던 과정과, 이 과정에서 느꼈던 감정을 고스란히 들려준다. 마케터를 꿈꾸는 이들에게는 마케터의 삶을 솔직하게 보여줄 것이며, 마케터들에게는 자신의 마케팅 방향성을 점검할 수 있는 화두와 함께 소소한 위로를 선사할 것이다.

LG전자 에너지마케팅 선임 김연진

마케팅도 객관식 문제처럼 정답과 오답이 명확한 분야 라면 얼마나 좋을까? 그러나 세상엔 그저 더 좋은 마케팅과, 덜 좋은 마케팅

이 있을 뿐이다. 그 '더 좋은 마케팅'을 만드는 건 건조한 방법론을 넘어서는 마케터의 치열한 고민이라고 생각한다. 이 책은 마케터의 치열한 고민을 진솔하게 담아내어, '마케터의 일'을 가장 현실적이고 흥미롭게 보여준다. 마케터를 막연히 꿈꾸고 있다면 저자의 이야기에 귀를 기울여보면 어떨까?

G마켓 브랜드마케팅 매니저 임지은

이 책을 읽는 내내 영웅 님과 수다를 한바탕 떤 기분이다. 내가 살고 있는 광고인의 세계, 잊고 있었던 꿈 그리고 현실에 대해서 다시 한번 돌아보게 만들어주었다.

마케팅이 멀게 느껴진다면 주저 말고 이 책을 장바구니에 넣어라. 이상하리만큼 특이한 스토리를 가진 '그놈'이 자신이 느낀 마케팅의 모든 것을 까발린 책이다. '그놈'이 주는 팁을 읽다보면 어느새 '마케팅 별거 아니구나!'를 외치고 있을 것이다.

NHN AD 미디어솔루션팀 팀장 이수민

'사랑받는 것'을 만들기 위해 '먼저 치열하게 사랑하는' 방법을 택한 마케터의 이야기. 마케터라면 누구나 겪게 되는 고민의 순간들을 집요함과 진지함으로 헤쳐 나가는 그의 여정을 따라가다 보면 마케팅이라는 업, 그리고 자신이 팔아야 할 무언가를 제대로 사랑하는 방법을 배울 수 있을 것이다.

현직 마케터에게는 자신의 브랜드를 어떻게 마주하고 있는지 돌아볼 수 있는 기회를, 마케팅을 시작하는 신입사원에게는 마케터로서 가져야 할 태도에 대한 깨달음을 줄 것이다.

CJ제일제당 Pet사업팀 브랜드 매니저 김소라

"전 너무 평범해요. 그냥 남들처럼 살았어요. 마케터는 꼭 특별한 사람만 될 수 있을까요?"라고 저자에게 맹하게, 당돌하게 물었던 적이 있다. "평범함이 스테디셀러가 될 수 있지 않을까?" 갓 블레스 유! 그의 떵언은 평범했지만 어쩌면 특별한 '나'를 잘 브랜딩하는 길을 열어주었다. 그런 그이기에, (내가 아는 한) 세상에서 가장 유쾌하고, 늘 부러울 정도로 신선하고 예측할 수 없는 마케팅을 하는 그의 마케팅 철학과 비법이 미치도록 궁금했었다. 이 책은 "그래, 내 말이!", "뭐야, 나 사찰 중?", "오! 나도 해 볼까?" 등 수많은 방언과 웃음을 쏟아내게 했다. 그의 생사를 살짝 걱정했을 정도로 노골적이고 솔직 유쾌한 마케터의 삶 이야기가 나의 "뇌를 열리게" 했고 독자의 "뇌를 열리게" 할 것이라 장담한다.

신세계디에프 온라인마케팅팀 파트너 김소영

이 책은 어제와 같은 방식으로 오늘을 살지 않는, 참 한결(?)같은 사람의 이야기다.

야놀자 마케팅 매니저 홍민영

이 책은 전형적이지 않다. "내가 했던 방식으로 해 봐"라는 꼰대스러운 스토리텔링이 아니라 "나는 이런 류의 사람인데 이렇게 해 보니 죽 쑤기도 하고 저렇게 해 보니 잘되기도 하더라"는 공감형 스토리텔링에 기반한 몇 안 되는 마케팅 서적이다. 대기업 홍보실부터, 스타트업 마케터, 서울시장 미디어 비서관까지 (만들기도 어려운) 특이한 커리어를 거치며 체득한 그의 마케팅, 브랜딩 노하우를 알아가는 재미가 쏠쏠하다.

3D 공간데이터 플랫폼 어반베이스 PR매니저 공현주

매거진 브런치에 게재된 '보수비서의 진보시장 관찰기'를 통해 처음 접한 마케터 신영웅. 남들은 숨기기 바쁜 애정결핍 증상을 공개하더니 금기시된 욕망까지 거침없이 앞세워 눈길을 끈다. 박원순 서울시장의 마케터로 쌓은 경험이, 정치 영역에서의 마케터를 가늠하도록 해 흥미롭다. 아울러 '나는 이렇게 일한다' 부분을 통해 실질적인 조언까지 더했다. 온니 원(only one) 마케터를 꿈꾼다면 이 책을 읽어보길 권한다.

서울 송파구청 홍보 공무원 정혜아

다양한 분야를 종횡무진 하는 마케터가 마치 동네 바보형이 된 것처럼 친근하게 풀어주는 브랜딩 이야기! 아직 철이 안 든 이 마케터를 어쩌면 좋을꼬?

넥스트매치 CMO 오용호

열정이 다했다. 결핍을 충만으로 바꾼 집요한 마케터 신영웅. 네이버, 셀잇 그리고 박원순. 그의 손을 거쳐 간 이들에게는 신영웅이란 이름이 그들의 러브마크일 것이다.

애드쿠아인터렉티브 전략본부 팀장 정연준

마케팅은 정답이 없는 것 같다. 선배들은 경험과 센스로 최선의 답을 만들어 가고 있었다. 이 책의 저자도 마케팅에 대한 본인만의 답을 갖고, 이를 친근한 언어로 마치 어린 동생에게 가르쳐주듯 설명한다. 한 사람이 경험하기엔 너무 다양한 경험을 가진 독특한 마케터의 이야기는 정답이 없는 마케팅 필드에서, 내게 새로운 지침서가 될 것이다.

제일기획 조성한 프로

마케팅 관련업에 종사하거나 준비하는 이들에게 충분한 자극이 될 만큼 진솔한 스토리를 담고 있다. 순간순간 선택의 기로에서 사회가 정한 잣대가 아닌 자신이 정한 기준에 부합하는 결정을 내리는 것은 큰 용기가 필요한 일이란 걸 알기에 앞으로도 그의 결정들을 지지한다. 알게 모르게 애정결핍의 변주 속에 살고 있는 우리이기에 이 책에서의 브랜딩 사례들은 자칫 안이하기 쉬운 일상에 잔잔한 자극이 되어줄 것이다.

라임F&B 마케팅 팀장 김화현

굴지의 IT기업, 핫한 스타트업 그리고 서울시 공무원까지… 저자가 커리어 전반에 거쳐 어떠한 고민들을 하였고 어떠한 생각으로 일했는지 읽기 쉽게 풀어낸 책이었습니다. 취업 준비생은 물론 사회 초년생과 타성에 젖어 있을지도 모를 3, 4년차 마케터 분들에게도 생각해 볼 만한 재료와 공감 한 스푼 얹어주는 좋은 지침서가 될 것입니다. 어느새 5년차 스타트업 마케터인 저 또한 이 책을 통해 과거를 돌아보고 현재를 점검해 볼 수 있었습니다. 먼저 읽어볼 수 있는 좋은 기회를 주셔서 감사합니다!

오늘도 치열하게 삽질하는 마케터 정윤진

어쩌다 마케팅의 세계에 발을 들인 자칭 '애정결핍이' 저자가 (아마도) 부끄러움을 무릅쓰고 밝힌, 실수를 포함한 날것 그대로의 경험담이 그 어떤 마케팅 이론보다 유용하다. "결국 나도 내 브랜드의 팬이 되어야 한다", "엉덩이를 뭉개고 앉으면 결국 답은 나온다"는 말이 꼰대처럼 느껴질 수도 있다. 하지만 저자는 '엉덩이의 힘'과 '노오력'의 차이를 '하고 싶어서 하는 것'과 '시켜서 하는 것'으로 구분한다. 마케팅을 하고 싶은 사람, 내 브랜드를 사랑하는 사람, 사랑받는 마케터가 되고 싶은 사람 모두 실질적인 도움을 받을 수 있는 책이다.

플랜씨 커뮤니케이션 컨설턴트·CEO 김재은

마케팅에서 경험만큼 중요한 것도 없다. 저자는 대기업에서부터 스타트업, 공공기관을 거치며 겪은 본인의 마케팅적 경험과 노하우를 재치 있으면서도 아낌없이 독자들에게 공유한다. 타인의 경험이 온전히 나의 것이 될 수는 없다고는 하지만 이 책을 통해 미래 마케터들은 '경험'이란 능력을 충분히 예습할 수 있을 것이다.

광고대행사 AE 김원정

대학원 동기로 만난 그와 나는 참 자주 싸웠다. 지적 허영에 들떠 서로의 말만 맞다고 하는 식이었다. 시간이 흘러 우리는 일터에서 다시 만났다. 나는 서울시 출입기자로, 그는 서울시장의 미디어 비서관으로. 사석에서 넌지시 박 시장에 대해 물었다. 그는 단순히 일이 아닌 마음 깊이 박 시장을 애정하고 있었다. 그를 선택한 브랜드가 아니라, 그가 선택한 브랜드 '박원순'이 특별하게 느껴졌다. 책을 읽고 나니 동기 신영웅 대신 브랜드 마케터 신영웅이 나타났다. 앞으로 싸움은커녕 그를 존경하게 될 것만 같아 마음이 무겁다.

한국경제TV 이지효 기자

마케팅에 정답이 어디 있고 커리어에 정답은 무엇인지 계속 '러닝'하는 그만의 방법! 그와 그의 방법을 응원합니다.

토스 마케터 김성진

브랜딩에 대한 엄청난 인사이트를 얻고 싶어 이 책을 손수 구입
했다면 일단 독서를 멈추고 당신의 지갑이나 주머니를 먼저 뒤져보길
바란다. 책을 구입했을 당시의 영수증이 있는가? 다행히 영수증이 있
다면 얼른 환불하거나 다른 책으로 교환을 하는 것을 추천한다. 혹시
안타깝게도 영수증을 잃어버렸다면 그냥 냄비받침으로 쓰라고 권유
하고 싶다. 지금이 내 인생에서 어쩌면 가장 솔직하고 진정성 있는 순간인 듯하다.

노파심에 다시 한번 강조하지만 이 책에는 기존의 브랜드 관련
서적들처럼 대단한 발견이나 메모해서 되뇔 만한 내용은 '진짜' 없기
에 그런 것을 기대했다면 빨리 다른 책을 볼 것을 권한다. 알 리스와
잭 트라우트가 쓴 주옥같은 고전을 보는 걸 추천한다. 만약 이미 읽었

다면 한 번 더 읽는 것도 나쁘지 않다. 원래 고전은 읽으면 읽을수록 빛이 나는 법이니까!

　시작부터 이런 이야기를 출판사가 싫어한다고 합니다… 하는 것은 사실 이 글에는 브랜딩이나 마케팅에 관한 엄청난 인사이트 따위 없기 때문이다. 대신 지지리 궁상맞은 한 마케터의 후회, 푸념 같은 것들로 채워져 있어 마뜩잖을 수 있다. 그도 그럴 것이 가진 능력에 비해 운이 좋게도 각 분야에서 최고로 평가 받는 조직에서 일할 수 있었지만 개인적으로는 뛰어난 성과를 내거나 엄청난 발견을 한 적이 없다, 아직까지. 그렇다고 앞으로 엄청난 성과를 낸다는 보장도 없다. 다만 약간의 행운과 혹독한 몸빵(?)으로 이색적인 커리어 패스(대기업, 스타트업, 공공기관, 선거조직 등)를 쌓을 수 있었고, 그 과정에서 자연스레 각 분야별 최고의 사람들과 함께 일할 수 있었으며 이를 통해 다채로운 것들을 습득할 수 있었다. '최고'들의 어깨너머에 늘 자리 잡고 매의 눈으로 그들의 활약을 지켜볼 수 있었다. 내가 유일하게 잘 하는 일이다. 잘 보고 잘 베끼기!

　문제는 그렇게 10년을 보내는 동안에 짬짜면 같은 존재가 되어버린 나를 발견했다. 정체성에 대한 갈등에서 앞으로 살아가야 할 방향성에 대한 고민이 밀려온 것이다. 대학을 졸업하고 신나게 달려왔더니 낼 모레 마흔인데 내가 누군지, 뭐하는 사람인지 애매하다는 생각이 들었다. 그래서 (아내의 허락 하에) 잠시 쉬면서 나의 정체성을 한 번 짚고 넘어가고 싶었다. 때마침 감사하게도 출판사로부터 제안을 받은 터라 그간 마케터로서의 생활에 대한 정리를 통해 스스로를 정의해 볼 수 있었다. 물론 아직 마케터로서 부족한 부분이 많고 가야 할 길이 멀다는 것은 스스로 잘 알고 있다. 그럼에도 불구하고 감히 이렇게 용기를 내어 그간의 경험들을 되돌아보고 이를 정리한 데에는 사실 작은 기대가 있었다.

앞으로 마케팅이나 PR 등 커뮤니케이션 분야에서 일하고 싶은 이들이 10년 전의 나처럼 아무것도 모르고 뛰어들었다가 실망하고 상처받고 이러지도 저러지도 못하는 뫼비우스의 띠 같은 고민의 굴레에 빠지지 않았으면 하는 마음에서 시작했다. 기업 홍보실을 거쳐 스타트업 마케터, 창업에 실패한 CEO, 모자 쓰고 다니던 공무원, 악수 대신 하이파이브를 선택한 선거캠페인 기획자 등을 거치며 경험했던 것들을 MSG 없이 발칙하게 풀어내다 보면 마케터가 되고 싶은 이들에게 작은 도움이나마 될 수 있지 않을까 하는 기대를 해 본다.

어쩌면 마케팅이나 PR 등 커뮤니케이션 영역에서 일해 본 사람들은 누구나 경험했을 법한 보편적 일상과 감상들도 있어서 오히려 그들에게는 시시할 수도 있을 것이다. 다시 말하지만 여기에는 당신이 기대하는 그런 무릎을 탁 치게 만드는 대단한, 엄청난, 획기적인 인사이트 따윈 없다. 다만 남다를 게 없었던 한 직장인이 남다르게 살아보기 위해 발악한 생존기를 엿보는 재미는 있을 것이다.

당신이 주니어든 시니어든, 그런 것들을 떠나 마지막 페이지를 읽을 때쯤이면 적어도 한 가지는 얻어갈 수 있을 것이다. 그것은 바로 상대적 희망감(?), '야, 쟤도 저렇게 막 회사도 옮기고 직업을 매번 바꾸고 힘들다고 징징대고 울고불고 난리를 피워대도 행복하대잖아. 쟤도 저렇게 사는데 나라고 못할까?' 하는 생각 말이다. 잡스 평전이나 마윈의 글을 읽으며 자괴감이 들었던 사람들은 여기로 오라~ 내가 치유해줄 테니! 아, 그리고 시작에 앞서 마지막으로 한마디 하자면, 아직 늦지 않았다. 영수증을 챙기시라.

마케터 신영웅

차례

애정결핍이
브랜딩에 미치는 영향

나는 애정결핍을 앓고 있는? 겪고 있는? 무엇을 선택해도 타인에게 쉽게 드러내기 불편한 심리 장애를 가진 사람이다. 안타깝게도 항상 바쁜 부모님들과의 커뮤니케이션이 부족한 환경, 그러나 동시에 경쟁에서 살아남는 것이 가장 최우선 가치인 학교 환경(특히 심한 동네였다)에서 자라다 보니 자연스럽게 이러한 캐릭터가 형성된 것 같다. 마흔을 앞둔 지금에 와서 "다들 제게 왜 그러셨어요?" 하는 것은 아니니 혹시나 집에서 기쁜 마음으로 책을 펼친 어머니와 선생님들은 오해하지 않으셨으면!

특히 10대 시절에는 집-학교라는 제한된 커뮤니티에서 좋은 성적을 내는 데 필요한 행동만을 반복하며 살다보니 내 증상을 제대로 인지하지 못했다. 아니, 정확히 말하면 크게 문제되지 않았다. 아, 그래서 첫사랑에 실패한 건가?! 그러나 성인이 되면서 본격적으로 확장된 커뮤니티를 거치며 내가 가진 증상이 주위 사람들을 얼마나 피곤하게 하는지, 특히 연인처럼 긴밀한 관계에 있는 이들에게 어떤 스트레스를 주는지 깨닫게 되면서 스스로에 대한 실망감도 커졌다. 자기애(narcissism)는 무럭무럭 크는 데 반해 자존감(self-esteem)은 한없이 쪼그라든 자신을 객관화하는 게 쉽지 않았다.

사실 애정결핍과 자존감 상실은 처음부터 같은 맥락에 있다고 봐야 한다. 솔직히 이십 대에 스스로를 애정결핍 '찌질이'라고 인정하는 게 쉽지 않았다.

군이 드러내서 좋을 것 없는 무근본 병밍아웃*을 하는 것은 나의 이런 캐릭터적 치부가 일을 하는 데 있어 약점으로만 작용하지 않았기 때문이다. 오히려 "그래요~ 저는 애정결핍 찌질이라 더 잘할 수 있었어요"라고 말할 기회를 기다리고 있었는지도 모르겠다. 타인의 생각과 반응에 극도로 예민한 우리 '애정결핍이'들은 다른 사람들에 비해 제품이나 서비스 또는 브랜드를 알리는 업무에 보다 특화되어 있는 거 아닐까. 물론 개개인이 겪는 애정결핍의 정도나 유형에 따라 차이가 있겠지만.

애정결핍에 대한 조작적 정의

본격적으로 애정결핍이 브랜딩에 미치는 영향에 대해 이야기하기에 앞서 애정결핍이 무엇인지 간단하게 살펴보자. 가설 검증에 앞서 핵심개념의 조작적 정의는 필수 아닌가? 더구나 애정결핍이라는 용어가 사실 정식 의학용어가 아니기에 사람마다 다르게 받아들일 수 있기 때문이다.

우리가 일상적으로 이야기하는 애정결핍은 다양한 성격장애나 증상들을 한데 아우르는 말로써, 자기애성 성격장애(narcissistic personality disorder), 경계선 성격장애(borderline personality disorder), 의존성 성격장애(dependent personality disorder), 연극성 성격장애(histrionic personality disorder) 등을 애정결핍의 대표적인 케이스로 보고 있다.

잠깐의 시간을 할애해 살짝 설명충이 되어 이해를 돕겠다. 귀찮은 이는 이 부분을 뛰어넘어도 된다. 먼저 '자기애성 성격장애'는 타인보다 자신이 우위에 있다고 판단해 당연히 자신에게 사랑과 존경을 보내야 한다고 여기는 유형이다. 말 그대로 나르시시즘적 성격이 강하다 보니 자신을 알아봐 주지 못하는 세상에 대해 쉽게 상처받고 분노한다.

'경계선 성격장애'는 타인에게 인정과 애정을 갈구하지만 이러한 것들이 충족되지 않는다고 여기면 공격적으로 변하게 되는데, 정신과 의사들이 가장 까다로워하는 유형으로 성격장애계의 끝판왕이라 불린다.

'의존성 성격장애'는 경계선 성격장애와 반대로 상대방의 관심에 대해 결핍이 느껴지면 우울해지고 타인에게 매달리게 된다. 그로 인해 타인에게 사랑받기 위해 비굴한 자세를 취하기도 한다.

마지막으로 '연극성 성격장애'는 사람들과의 관계에 있어 항상 중심에 있고 싶어하며 이런 것들이 충족되지 못할 경우 자신을 한껏 꾸미거나 과할 정도의 감정 표현을 한다. 이러한 증상들은 서로 철저하게 독립적으로 나타나지 않고, 사람에 따라 두 가지 또는 그 이상 혼합적으로 나타나기도 한다.

우선 상대방에 대한 이해부터

아마 평소 센스 좀 있다는 말을 들어본 사람이라면 이런 이

야기를 왜 했는지 눈치챘을 것이다. 저마다 제각각인 애정결핍 증상 속에 공통적으로 발견되는 것이 있다. 바로 그 바탕에는 자신이 아닌 주위 사람들에게 인정과 관심 또는 애정을 갈구하고 있다는 것. 다른 말로 타인의 평가에 계속 레이더를 세우고 있다는 말이다.

결국 타인의 평가에 민감하고 이러한 평가를 바탕으로 자신을 정의하거나 어떻게 행동해야 할지를 판단한다고 할 수 있다. 그렇다. 그들 아니, 우리는 타인의 시선을 매우 중요하게 여긴다.

그렇다면 그게 왜 일하는 데 도움이 될까? 가령 의사나 경찰, 프로그래머와 같이 자신의 고객들을 설득하기 위한 노력을 상대적으로 적게 하는 절대로 안 한다는 이야기가 아니다 분야가 있는 반면, 마케터나 정치인은 끊임없이 화두를 제시하고 누군가를 설득해야 하는 게 일이다. 상대방을 설득하는 커뮤니케이션 과정을 통해 그들의 마음을 훔쳐 지갑을 열게 하거나 표를 받아야 한다. 결국 끝없는 설득 커뮤니케이션 상황에 놓일 수밖에 없다.

우리가 누군가를 설득하기 위해 가장 먼저 해야 할 일은 무엇일까? 우선 타깃 오디언스(target audience, 목표 수용자 집단)에 대한 깊이 있는 이해가 선행되어야 한다. 이를 영역에 따라 인사이트라고 하기도 하고 시대정신이라고 하기도 한다. 좋은 마케터일수록 이를 얻기 위해 누구보다 대상을 자주 관찰하고 그들의 감

사람들이 무슨 생각을 하는지, 어떤 것을 원하는지, 어떤 방향으로 나아갔으면 하는지 등 자신의 타깃 오디언스를 관찰하고 분석해야 한다. 물론 여기엔 기업만의 가치나 방향성, 정치인만의 신념 등이 바탕이 되어 있어야 함은 따로 말할 것도 없다. "줏대 없이 대중을 현혹하는 이야기만 하라는 것이냐"라고 시비를 거는 이들이 있기에 노파심에 따로 강조해둔다.

결국 상대를 설득하기 위해서는 그들의 생각이나 상황에 예민하게 감응할 수 있어야 한다. 이런 이유로 나와 같은 애정결핍이들이 커뮤니케이션 영역에서 일하는 데 유리하다. 우리는 언제나 상대의 이야기를 주시하고 상대의 반응에 목말라 있다. 그래서 상대방에게 사랑받기 위한 방법을 고민하고 이를 바탕으로 다양한 시도를 한다. 할 수밖에 없다. 그래야 살 수 있으니까.

우리(!)의 특징을 간략하게 요약하면, 나의 의견과 취향보다 상대방의 반응을 우선시한다. 그리고 그 반응을 파악하기 위해 상대방의 이야기에 귀 기울인다. 그리고 상대가 무엇을 좋아하는지 끊임없이 고민하고 그들의 피드백에 민감하게 대응할 방법론을 모색한다. 그래서 사는 게 피곤하다.

심지어 우리 같은 애정결핍이들은 스스로를 끊임없이 증명하기 위해 자신을 믹서에 갈아 넣는 수준의 노력을 자신에게 강요하기도 한다. 그 대표적인 예가 바로 《슬램덩크》의 주인공이자 풋 내기 농구선수인 강백호이다.

강백호의 증상

일단 그가 농구를 시작한 이유에서부터 그의 증세(?)를 엿볼 수 있다. 한눈에 반해버린 채소연이라는 농구부 주장의 여동생에게 어필하기 위해, 그리고 자신보다 더 많은 인정과 관심을 받는 라이벌(?) 서태웅을 이기기 위해 농구를 해 본 적도 없으면서 무모하게 농구부원이 된다.

농구부에 가입하고도 그는 사람들의 관심을 받기 위해 돌발 행동을 일삼으며, 이해할 수 없을 정도의 과도한 자부심(스스로를 천재라 일컫는다)을 바탕으로 팀 내에서 특별한 대우를 감독의 뱃살과 턱살을 당기며 요구하는 등 상식 밖의 행동을 보인다. 또한 자신을 비난하거나 인정하지 않는 이들에 대해서는 자신을 질투한다고 여긴다. 이러한 증상으로 미루어 보건데 그는 자기애성 성격장애와 연극성 성격장애가 곁들여진 우리의 동지다.

물론 그는 남다른 운동신경이 있지만, 농구의 기본적인 규칙조차 모르는 5경기 25반칙의 전 경기 퇴장이라는 전대미문의 기록을 세운 풋내기였기에 그가 뛰어난 선수로 발전한 것을 그의 타고난 자질로만 설명하기에는 무리가 있다. 그는 자신의 부족한 점을 메우고 사람들에게 인정을 받기 위해 (점점 뒤로 갈수록 인정의 욕구보다는 자아실현의 욕구로 발전한다) 인간의 한계를 넘어선 훈련으로 자신을 단련했다.

결핍으로 시작했지만

2만 번을 쏘아 올린 미들슛 특훈이 그 대표적인 예다. 팀원들이 연습시합을 가는 동안 혼자 남아 일주일 동안 2만 번의 슛을 던지는 훈련을 한다. 말이 일주일에 2만 번이지, 이는 결코 보통의 체력과 정신력으로 소화하기 힘든 훈련이다. 이해를 돕기 위해 우선 하루에 식사와 휴식, 수면시간 등 생리적 시간을 제외하고 13시간씩 훈련을 한다고 가정해 보자. 사실 하루에 13시간을 훈련한다는 것 자체가 이미 쉽지 않은 일이지만… 이런 양의 훈련을 일주일 동안 한다면 그는 이 훈련에 총 32만 7600초의 시간을 투여한 것이 된다. 2만 번의 슛을 성공시키기 위해서는 16초에 한 번꼴로 슛을 성공시켜야 한다는 것인데, 이 자체가 이미 인간의 한계에 도전했다고 해도 과언이 아닐 것이다.

《슬램덩크》의 팬이라면 잊을 수 없는 유명한 대사인 "왼손은 거들 뿐"을 탄생시킨 바탕에는 결국 이와 같은 그의 끊임없는 노력이 있었던 것이다. 어디 그뿐인가? 그의 주특기인 리바운드와 레이업슛 등 그가 가진 농구기술은 누구보다 끈질긴 풋내기의 피땀으로 만들어낸 결과물이다. 그렇게 그는 좋은 동료와 스승을 만나 스스로를 발전시킨다. 나아가서는 자신의 내면을 성찰하고 농구를 수단이 아닌 목적 그 자체로 인식하기까지 나아간다.

《슬램덩크》의 팬이라면 다들 기억할 산왕과의 시합에서 나온 대사는 그가 농구를 어떻게 여기고 있는지를 극적으로 보여준다. "정말 좋아합니다. 이번엔 거짓이 아니라고요."*

결국 강백호는 주변의 관심을 받기 위해, 자신의 결핍을 해소하기 위해 농구를 시작했지만, 농구를 매개로 개인의 성장과 성찰의 시간을 보내고 결과적으로 진정한 의미의 행복을 찾는다. 그래서인지 《슬램덩크》의 스토리 흐름은 사실 시작부터 끝까지 남 일 같지 않았다. 만화책을 보면서 울 수 있다는 것도 이때 처음 알게 됐다. 솔직히 《슬램덩크》 보면서 운 사람 꽤 많을걸?

어찌 보면 나 역시 강백호와 크게 다를 바 없을지 모른다. 물론 강백호처럼 타고난 자질을 갖춘 건 아니다. 이 바닥 일이 진짜 좋아서 시작했다기보다는 원래 꿈이 좌절되고 방황하다 타인의 시선을 의식해 왠지 그럴싸해 보인다고 생각해서 시작하게 됐다. 그러나 좋은 선후배들을 만나면서 그들을 거울삼아 나라는 사람을 정면으로 바라볼 수 있었고, 차마 마주하기 싫었던 나의 치부를 인정하게 되면서 역설적으로 꽤 괜찮은 차마 성공적이라 못하겠다. 퍼포먼스를 낼 수 있었다. 그리고 이보다 더 중요한 '행복해질 수 있는 길'에 대한 힌트를 조금씩 얻고 있는 요즘이다. 이제는 나도 이 말을 할 수 있을 것 같다.

"정말 좋아합니다. 이번엔 거짓이 아니라고요."

애정결핍이라는 그토록 인정하기 싫었던 나의 약점이 오히려 일을 하는 데 나만의 무기가 될 줄이야. 뻔한 얘기지만 애정결핍만으로는 충분하지 않다. 이 무기를 쓸모 있게 만들기 위한 치열한 고민과 몸빵(!)이 뒤따라야 한다. 마치 강백호가 했던 미들슛 훈련이나 풋내기 슛 훈련 같은.

앞으로 이어지는 이야기들은 마케터로서의 업무적 성장만 담겨 있는 것이 아니라 내 안의 결핍들을 발견하고 이를 극복해나가는 과정도 함께 담겨 있다. 그러나 아직 늦지 않았다. 영수증을 챙ㄱ…!

다양한 브랜드의 Big Fan 되기

좋아하는 브랜드를 대상으로 팬질을 해 보자. 특정 연예인의 팬처럼!

1. 직접 경험해 보기
제품을 직접 구매해서 사용해 보고 브랜드를 경험할 수 있는 공간을 부지런히 찾아다닌다. 나는 한때 블루보틀을 좋아해서 여행할 때마다 그 동네 블루보틀 매장은 꼭 들렀다. 관련 서적을 구입해 보는 것도 좋다. 돈은 거짓말을 하지 않는다, 사람이 거짓말을 하지.

2. 습관적으로 검색하기
검색창에 내가 평소 좋아하는 그 브랜드들을 자주 입력해 본다. 잡지를 보듯이 뒤적인다. 정 바쁠 때는 제목만이라도 훑어본다.

3. 의도를 담아서 키워드 검색하기
브랜드명만 검색하지 않고, 의도를 담아 다양한 단어들을 조합해 본다. 브랜드명만 입력했을 때와는 전혀 다른 신세계를 만날 수 있다. 예를 들어 '브롬톤'을 검색한다면 '브롬톤 +역사 −팝니다' 등으로 조합하면 브롬톤 판매 글을 제외한 콘텐츠를 볼 확률이 높아진다.

+ 이런 경험들이 모이니 사람들이 내가 만든 브랜드를 왜 좋아하는지, 또는 왜 좋아하지 않는지 '저절로' 이해되더라. 역시 고기도 먹어본 놈이 먹는 법!

러브마크 lovemarks

당신은 Number one과 Only one 중에 무엇을 더 선호하는가? 만약 당신이 한 기업의 최종 의사결정을 할 수 있는 사람이라면 말이다. 이 선택은 어디까지나 개인의 취향과 성향의 문제이지 따로 정답이 있는 문제는 아니니, 본인의 생각을 먼저 정리한 후 나의 선택과 비교해 가며 내려가면 나름 읽는 재미가 있을 것이다.

어떻게든 차별화, 어쨌든 존재감

Number one과 Only one 중 하나만 선택하라는 이 질문에는 사실 차별화에 대한 나의 오랜 고민이 담겨 있다. 다양한 프로젝트를 진행하기 전에 어느 방향으로 이끌어 갈 것인지를 결정하는 중심축 같은 문제다. 그때마다 나는 늘 후자를 선택했다. 그리고 이는 마케터로서의 내 지향점이기도 하다.

얼핏 떠올렸을 때 크게 다르지 않아 보이는 이 둘은 보는 관점에 따라 전혀 다른 방향성을 지닌다. 우선 Number one은 수많은 경쟁자들과의 경쟁에서 승리한 위너다. 흔히 매출 1위, 이용자 수 1위, 선호도 1위, 지지율 1위 등으로 표현할 수 있을 것이다. 그들의 노력과 성공은 박수받아 마땅하다. 대충해서 1위를 한다는 것은 불가능한 일이기 때문이다.

그러나 여기서 내가 주목하는 점은 어떤 기업이 Number one의 가치를 획득했다고 해서 항상 Only one의 자리까지 차지한 것은 아니란 점이다. 남들보다 먼저 시장에 진입했거나 후발주자여도 막강한 물량공세를 통해 Number one을 차지할 수도 있기 때문이다. (물론 먼저 시장을 개척했다고 해서, 사업 자금이 넉넉하다고 해서 무조건 Number one이 되는 것은 아니다.) 또한 Only one이 Number one이 되는 순간 수많은 아류가 생기기도 하는데, 이 경우에는 시간이 지날수록 선두와 경쟁자 간의 큰 차별적 특징을 갖기 어렵다. 국내 메신저 앱이나 배달 앱 시장만 비교해 봐도 이는 쉽게 알 수 있다.

반면 Only one으로 인정받은 기업은 비록 지금은 Number one이 아닐 수도 있지만 사람들에게 자신의 존재 가치를 인정받은 대체 불가한 존재라고 볼 수 있다. 그 존재 가치는 역설적으로 그들이 사라졌을 때 더 크게 다가올 것이다. 그러므로 그들은 언제든 Number one으로 갈 수 있는 지름길을 알고 있는 것과 다름없다. 다만 경우에 따라 Only one은 슬프게도 경쟁자가 아예 없는 상황이거나 경쟁자들이 가는 방향과 전혀 다른 방향으로 나아가는 경우일 수도 있다.

얼핏 봐도 Number one이 더 굳건해 보이고 안정적으로 느껴진다. 게다가 여유도 있어 보인다. 그럼에도 내가 Only one을 더 선호하는 이유는 '양적 규모'보다 '존재감'에 더 많은 가중치를 부여하기 때문이다. 사실 양적 규모와 존재감 모두 무시할 수 없는 요소인 동시에 마케터라면 추구해야 할 것들이지만 무엇을 우선시하는가에 따라 일하는 방식이나 결과는 확연하게 달라질 수 있다. 앞서도 말했다시피 이는 우선순위의 문제지 옳고 그름의 문제는 아니다.

How to make lovemarks

그렇다면 나는 왜 존재감을 고집하는 것일까? 그 이유는 반짝 흥행으로 치고 빠지는 브랜드가 아닌, 긴 시간 사람들에게 회자되는 지속성과 생명력을 가진 브랜드를 만들고 싶기 때문이다. 그리고 이를 달성하기 위해 항상 염두에 두는 개념이 바로 '러브마크(lovemarks)'이다. 정말이지 애정결핍이에게 딱 맞는 화두 아닌가?

러브마크는 영국의 광고대행사인 사치&사치의 CEO인 케빈 로버츠의 저서 《러브마크: 브랜드의 미래》(Lovemarks: The Future Beyond Brands, 2005)에 나오는 개념으로, 내 경우에는 여기에서 언급하는 내용들을 바탕으로 상황에 따라 구체적인 실행방안을 체크리스트로 만들어 이를 바탕으로 실무를 진행한다. 땡큐 케빈! 보다 구체적인 방법론이 궁금한 이들은 직접 그의 책을 찾아보기를 권한다.

그의 설명을 읽다보면 반복적으로 하나의 메시지가 계속 눈에 걸린다. 소비자의 머리(이성적인 영역)를 파고드는 대신 그들의 가슴(감성적인 영역)에 더 집중하라는 조언이다.

케빈 로버츠는 제품만 찍어내 팔던 시대를 지나 경쟁을 해야

하는 시대에 들면서 기업들이 경쟁에서 살아남기 위해 차별화된 브랜드를 만들기 위한 노력을 해왔지만, 이제는 이 단어조차 너무 남용되어 진부해졌고, 그로 인해 신비감을 잃었다고 말한다. 더구나 수요자(소비자, 대중)가 아닌 공급자(기업, 광고 제작자) 위주로 만들어지다 보니 더 이상 수요자를 이해하지도 못하며 낡을 대로 낡았다고 시원하게 쏘아댄다. 계속해서 그는 단물이 빠진 브랜드 대신 앞으로는 러브마크를 만들어야 한다고 주장한다. 어찌 보면 이제는 그의 주장에 많은 이들이 인정하고 당연하게 생각하는 부분이기도 하지만, 처음 러브마크를 접했을 때는 유쾌한 충격으로 다가왔다.

그렇다면 그가 말하는 이 알쏭달쏭 비슷하면서도 다른, 이 두 개의 개념인 브랜드와 러브마크는 어떻게 다를까? 그 차이를 이해하기 쉽게 한 문장으로 정리하면 다음과 같다.

"브랜드는 기업이 만들지만, 러브마크는 소비자가 만든다."

풀이하자면 소비자의 마음에 들기 위해서는 이성이 아닌 감성이 작용하는 영역에서 시작하란 뜻이다. 머리 말고 가슴을 공략하라는 이야기 되겠다. 조금 더 친절하게 설명을 하자면, 그림에서 볼 수 있듯이 일반적으로 브랜드 전략을 수립할 때 마케터들은 대부분 인간의 이성적인 요소들을 중심으로 고려해서 진행

brand ⟹ lovemark

정보	→ 관계
소비자에게 인지됨	→ 대중에게 사랑받음
보편적인	→ 개인적인
일반적으로 설명하는	→ 러브스토리를 창조하는
품질에 대한 약속	→ 감각적인 터치
상징화	→ 아이콘화
규정된	→ 고취된
진술	→ 이야기
속성을 규정하는	→ 신비에 쌓인
가치	→ 마음
전문적인	→ 열정적이며 창의적인
광고 대행사	→ 아이디어 컴퍼니

출처: 《러브마크: 브랜드의 미래》(서돌, 2008)

한다. 가장 중요한 부분은 전달하려는 정보를 타깃에게 인지시키려는 노력에 집중한다는 점이다. 정보 자체를 알리는 데 집중한다. 사람의 머리를 공략하는 것이다. 그에 반해 러브마크를 위해서는 말 그대로 사랑과 같은 감성적 요소들을 고려해야 한다. 정보보다는 관계를 중요시하고, 품질에 대한 약속보다는 감각의 교감을 위해, 설명하기보다는 이야기를 만들어 가야 한다. 듣는 이에 따라서는 이러한 주장이 나이브한 접근으로 보일 수 있다.

감성이 이성을 설득한다

그러나 따져보면 꼭 그런 것만도 아니다. 일반적으로 광고물에는 사람을 설득시키는 요소들이 잔뜩 포함되어 있는데, 흔히 우리는 이러한 자극을 받아들일 때 인간은 스스로 이성적으로 판단한다고 생각착각하는 경향이 있다. 광고물이 우리의 이성을 직접 자극하는 것이라 생각하지만 사실 그들은 우리의 감성을 먼저 건드린다. 그리고 그 자극된 감성이 다시 이성을 설득한다. 정확히 말해서 합리화시킨다. 쉽게 말해서 우리는 우리도 모르는 사이 이성적인 판단을 내리고 있다고 착각한다는 말이다. 이는 연애와 비슷하다.

자, 우리가 연애할 때 한번쯤은 겪게 되는 상황을 떠올려보자. 어느 날 연인이 기대에 찬 얼굴로 당신에게 묻는다. 모솔은 미안하다… 어떻게 설명할 방법이 없다…

"자기는 내가 왜 좋아?"

순간 자신도 모르게 당황하는 당신은 말을 더듬고 만다.

"음… 나는 말야… 그러니까…"

선뜻 할 말이 떠오르지 않는다. 본능적으로 위기의식을 느낀 당신은 잠시 머뭇거리다가 급히 말을 잇는다.

"그러니까 말야. 내가 자기를 좋아하는 이유는… 일단 자기는 우선 착하고 남을 배려할 줄 알고 그리고… 음…"

그러나 이미 당신의 연인은 당신의 이야기를 더 이상 듣고 있지 않다. 그리고 이내 어색하고 차가운 공기만이 두 사람 사이를 흐른다.

어떤가? 뭔가 익숙하지 않은가? 여기서 중요한 포인트는, 그리고 답답한 포인트는 당신이 즉답을 못했다고 해서 연인을 사랑하지 않는 것은 아니라는 거다. 마음이 부족하지도 않다. 억울한 거다 안다.

그럼 대체 왜 이런 일이 벌어지는 걸까? 대답이 늦어지는 이유는 우리가 연인을 사랑하는 이유(감성 영역)를 설명 또는 설득하기 위해 구체적인 언어(이성 영역)로 뽑아내는 데 시간이 필요하기 때문이다. 특별히 구체적인 이유가 있어서 연인을 사랑하는 게 아니라 사랑하기 때문에 이유가 있는 만들어낼 수 있는 것이다. 억울한 일을 당한 적이 있다면 이 책을 사서 선물을…

더 이해하기 쉬운 사례가 있다. 나는 6년째 미니쿠퍼를 타고 있다. 스무 살부터 시작된 짝사랑까지 포함하면 16년째 가슴속에 미니라는 자동차 브랜드를 품은 채 살고 있다. 많은 이들이 미니쿠퍼는 승차감도 딱딱하고 짐을 싣기에도, 지인들을 태우기에도 불편하다며 불평을 한다. 사실 나도 안다. 그러나 나는 애써 운전하는 맛이 좋다며 노인이 되어서도 미니에서 내리는 나를 상상하며 혼자 흐뭇해한다. 결국 나는 승차감보다 '하차감'을 더 중요하게 여기는 감성적 호갱인 것이다. 머리로는 다 알고 있지만 난 미니쿠퍼가 전기차로 나올 날만을 손꼽아 기다리고 있다. 나오기만 하면 일단 무조건 아내 몰래 예약부터 할 것이다. 허락보다 용서가 쉬운 법이니까.

창의적인 사람과 발굴하는 사람

이제 어느 정도 러브마크에 대한 개념이 잡혔다면 다음으로 러브마크는 어떻게 해야 만들 수 있는지에 대해 이야기해 보자. 주위에 흔히 러브마크를 잘 찍는 이들의 공통점을 살펴보면 번뜩이는 생각을 내뿜는 창의적인 사람보다는 꾸준히 아이디어를 발굴하는 사람이 '더 좋은' 퍼포먼스를 보여주더라.

발굴하는 사람과 창의적인 사람이라… 역시나 눈치 빠른 사람은 이미 다 알아챘겠지만 '관습적'으로 테크닉을 앞세워 브랜드를 선택하게 할 이유를 찾다보면 처음엔 매력적으로 보일 수 있지만 결국 들통나고 만다. 초반에 반짝하지만 롱런하지 못하는 경우가 많다.

멀리서 찾지 말자

이미 많은 연구에서 증명된 것 중에, 매력적인 크리에이티브를 가진 광고의 경우 광고 태도(attitude toward advertisement)에는 긍정적인 영향을 미치지만, 브랜드 태도(attitude toward brand)나 구매 의도(purchase intention) 형성에는 실패하는 경우가 종종 있다. 워워, 어렵지 않다. 일단 침착하자. 설명 나간다. 시선을 사로잡는 아이디어로 광고 때깔을 기막히게 뽑았더니 사람들이 좋아하고 SNS에서 바이럴이 된다. 그런데 이상하게도 댓글에 제품이 좋다거나 그걸 사야겠다는 등 원래 이루어져야 하는 제품 이야기는 없고 광고가 재미있다는 이야기만 달리는 경우가 있다.

이는 제품이나 브랜드의 실제 가치와 광고 메시지 간의 거리가 멀 때 흔히 생긴다. 테크닉을 앞세운 영혼 없는 '좋은 말 대잔치'는 들통나기 십상이다. 이렇게 되지 않기 위해서는 나의 제품, 서비스, 브랜드 안에서 답을 찾아야 한다. 잘 먹히는, 유명한, 세련된 무엇을 가져오는 게 아니라 내가 가진 것에서 *끄집어내야* 한다.

이와 관련해 모기업의 기업 브랜딩 광고를 '안타까운 예시'로 항상 꼽는다. 다들 한번쯤은 봤을 것이다. 사람이 미래라고 외치는 가슴 훈훈한 슬로건과 함께 평화로운 배경과 음악, 부드러운 성우의 음성, 엄친아/엄친딸 같은 모델들이 조화를 이루며 17편이나 시리즈로 제작될 정도로 호평을 받았다. 상도 많이 받았다. 그러나 그 기업의 주력 계열사가 신입사원까지 희망퇴직 대상에 포함시킨 사실이 밝혀지면서 광고는 비웃음거리가 되어버렸다. 좋은 말 대잔치를 했지만 도리어 "사람이 기계다", "명퇴가 미래다" 등과 같은 씁쓸한 패러디만 남겼다. 이 경우는 러브마크를 찍으려고 인주까지 묻혔는데… 아오… 진짜 거의 다 왔는데… 결국 실패하고 만 경우다. 광고 캠페인은 좋았지만 실제 기업이 이러한 가치를 빛내주지 못했다. 이것만 봐도 기업이나 브랜드의 실상과 거리가 먼 크리에이티브만으로는 러브마크를 찍기 힘들다는 것을 알 수 있다.

러브마크는 발굴하는 것

광고를 기획하고 제작한 부서는 억울할 수도 있다. 그러나 꼭 그렇지만도 않다. 무슨 말인고 하니, 이와 같은 사례를 만들지 않기 위해서는 '내가 보여주고 싶은 걸' 고민하기 전에, '내가 무엇을 가지고 있는지 열심히 발굴'부터 해 봐야 한다. 없는 것을 가져오는 게 아니라 자신의 (프로덕트, 서비스, 브랜드 등 가지고 있는) 모습 안에서 이리저리 뜯어보기도 하고, 깊게 파보기도 하면서 자신만이 가진 선택 받을 이유를 찾아내는 노력이 필요하다. 번

뜩이는 아이디어도 거기서 그치는 것이 아니라 그것을 이리 굴리고 저리 굴려서 단단한 알을 만들 수 있을 때 우리는 사람들을 만족시킬 수 있는 수준의 메시지 발굴이 가능하고 이때 비로소 러브마크를 만들 수 있게 된다. 그러기 위해서는 무엇보다 '엉덩이의 힘' 즉 농업적 근면성이 필요하다. 이 이야기는 누군가에겐 무식해 보일꼰대 같을 수도 있겠다.

왠지 모르게 우아해 보이는 이 단어들, 브랜딩, 차별화, 러브마크는 안타깝지만 농업적 근면성과 떼려야 뗄 수 없는 단어들이다. 분명 더 많은 시간을 투자하고, 더 많이 고민하고, 더 깊게 발굴할 때, 더 좋은 결과물이 나온다. 아, 물론 무조건 책상 앞에만 오래 앉아 있는다고 해서 잘된다는 이야기를 하려는 건 아니다. 오히려 물리적 공간보다 심리적 공간이 더 중요하다. 사무실이 아니더라도 샤워를 하면서도, 출근하며 버스 카드를 찍으면서도, 집에서 텔레비전을 보면서도, 잠들기 전에도 계속 발굴할 수 있다. 아내가 싫어한다는 문제점은 여전히 존재한다.

진짜 이렇게밖에 말 못하는 어른은 되고 싶지 않았는데, 결국 남들보다 더 많이 고민할수록 더 잘할 수 있는 가능성에 가까워지더라. 나도 안다, 지금 내가 엄청 꼰대스러운 이야길 하고 있다는 걸.

브랜드를 의인화(characterization)해 보기

브랜드가 사람이라면 어떤 캐릭터일까?

1. 해당 브랜드의 느낌을, '그'의 성격을 설명할 다양한 요소로 바꿔본다. 브랜드에 대한 정보가 많을수록 캐릭터는 점점 선명해진다.
   - 성별과 나이, 체형 등과 같은 외형적 요소
   - 취미, 버릇, 말투, 성격 등과 같은 내재적 요소
   - 직업, 가족 관계, 고향, 거주지 등과 같은 사회관계적 요소

2. 평소 좋아하는 브랜드들을 의인화해 나열해 본다. 내 경우, 실제 인간관계와 많이 닮아 있었다. 내가 끌리는 사람과 브랜드가 닮아 있는 걸 종종 발견하는데 보통 그들도 그 브랜드를 좋아하더라.

3. 내가 맡은 브랜드가 고객에게 어떤 사람(캐릭터)으로 보였으면 하는지 상세하게 작성해 본다. 보통 '그'에 대한 이력서나 자기소개서를 만든다. 업무 진행할 때, '그'에 대해 동료들과 공유 및 합의가 되어 있을 경우 커뮤니케이션 미스가 줄어든다.

4. 내가 맡고 있는 브랜드가 신규 브랜드가 아니라면 현재 고객들이 어떻게 인지하고 있는지 함께 파악한다. 캐릭터를 구체화하면 할수록 브랜드가 갖는 의미나 문제점 등을 파악하는 데 도움이 된다.

5. 브랜드를 하나의 인격체로 묘사하면 브랜드에 대해 내가 바라는 모습과 고객들에게 받아들여지는 모습 사이의 간극을 줄이는 데 더욱 명확한 방향을 제시할 수 있다.

격차를 줄이기 위해 필요한 힘

앞서 꼰대스러운 이야기를 한 김에 제대로(?) 해 보고자 한다. 에라 모르겠다. 어느 영역에나 해당되지만 마케팅, 브랜딩과 같이 왠지 뭔가 그럴싸한 크리에이티브가 강조되는 영역에서도 성공적인 퍼포먼스를 내기 위해서는 '엉덩이의 힘'이 필요하다. 이는 어디까지나 뇌피셜[*]이며 철저하게 개인적인 경험에 한한 이야기이므로 보는 이에 따라 불쾌하거나, 답답하거나, 짜증 나거나 피가 거꾸로 솟을 수 있다. 그러므로 지나친 야근으로 워라밸이 지켜지지 않는 삶을 사는 이들은 정신 건강을 위해 그냥 넘겨도 좋을 것 같다. 분명히 경고했다…

　　9년 전, 처음 에이전시에서 일하면서 깨달은 게 있다. 나란 사람은 광고 크리에이티브를 만드는 데 있어 그렇게 센스 있거나 상상력이 풍부한 캐릭터가 아니란 것을 말이다. 무엇보다 같이 들어온 인턴 동기들을 보면서 더욱 확신했다. 어쩌면 9살에 등 떠밀려 나간 과학상자대회에서 내가 만든 볼품없었던 '양털 깎는 기계'를 보고 실망하는 선생님의 표정에서 눈치챘어야 했을지도 모른다. 톡톡 튀는 그들과 함께 일하면서 내가 이 영역에서 일을 하는 게 맞는지 의심하게 됐다. 그들은 지금도 카카오나 대홍기획과 같은 곳에서 광고 밥을 먹고 있다. 그래서 결국 인턴기간 도중 이대로는 경쟁력이 없다는 결론을 내리고 도망치듯 다른 길을 모색하기도 했다.

격차를 줄이는 엉덩이의 힘

우리는 일반적으로 광고, 마케팅, 브랜딩 이런 영역에서 일을 하려면 풍부한 상상력, 남다른 사고방식, 뛰어난 미적 감각 등과 같은 종류의 재능이 있어야 한다고 생각한다. 맞다. 있어야 한다. 그래야 잘한다. 그런데 이런 재능은 무조건 타고나는 것은 아니다. 더 정확히 말하면 운동신경 같은 신체적 유산보다 DNA의 영향을 덜 받는다는 뜻이다.

이 분야에서 일하면서 종종 천재라고 생각되는 이들을 마주할 때도 있는데 그것은 어디까지나 그가 자라온 환경을 통해 '훈련'되어온 것일 확률이 높다. 그들과 만나 이야길 나눠보면 부모님이 확실히 평범하진 않다. 부모의 성향이나 교육 철학 또는 가정 형편 등 자라면서 접하게 되는 다양한 자극에 따라 그 재능이 길러진다. 다시 말해 어떻게 살아왔느냐에 따라 달라지는 문제라고 할 수 있다. 그 말인즉슨 혹시 본인에게 이러한 크리에이티브 능력이 부족하다면 지금부터라도 만들어 가면 된다는 말이다. 부모가 만들어주지 못했다면 스스로 지금부터 만들어 가면 된다.

물론 여기에는 치명적인 한계가 존재한다. 우리에게는 돈과 시간이 부족하다는 것. 이미 훈련된 사람과 이제 연습을 시작하는 사람 사이에는 격차가 존재하기 때문이다. 슬픈 이야기지만 받아들여야 하는 현실이었다. 그러나 아예 방법이 없는 것도 아니니, 이 격차를 줄이기 위한 방법론이 바로 엉덩이의 힘 되겠다. 훈

런이 되어 있는 사람보다 더 많은 연습량을 소화해야 격차를 줄일 수 있다. 나 역시도 여전히 그 격차를 줄이기 위한 노력을 하고 있고, 그래서 요즘도 부족한 부분을 메우기 위해 남들보다 더 많은 빵이(!)를 치는 게 일상이 됐다. 스스로 만족하기까지 남들보다 더 많은 시간을 들이는 비효율적인 타입이다. 안타깝지만 이건 어디까지나 철저한 자기 객관화를 거친 분석이라 받아들이면 편해지더라.

단, 엉덩이의 힘과 '노오력'*은 분명히 구별되어야 한다. 민감한 문제다. 가장 쉬운 구별은 '하고 싶어서 하는 것'과 '시켜서 하는 것'이란 점인데, 사실 이것이 알파이자 오메가다. 또한 엉덩이의 힘은 노오력과 달리 이를 수행하는 데 있어 그 기준과 방향이 세상의 시선, 사회적 기준이 아닌 철저하게 내 안에서 시작되어야 하며 나의 행복과 긴밀하게 연결되어 있어야 한다. (이걸 찾기가 어렵다는 게 함정이지만, 그 보물찾기 같은 여정을 앞으로 이야기할 예정이니 비슷한 고민을 하는 이들에게 도움이 되었으면 좋겠다.)

그렇다면 나는 어째서 다시 이 동네로 돌아오게 됐을까? 재능이 없어서 도망쳐놓고 이제 와서 다시 이렇게 밥벌이를 할 수 있게 된 이유는 무엇일까?

'내가 타고난(미리 훈련된) 게 없는 사람인 줄 알았는데 알고 보니 나에게도 재능이 있었다?' 뭐 이런 드라마틱한 전환점이 있

었던 것은 아니었다. 여전히 나는 이 방면으로 '타고나지 않음'이 너무 아쉽다. 대신 밥벌이를 하면서 조금씩 늘게 된 잔재주와 이색적인 경험 덕분에 이제는 나름 승부해 볼 만하다 생각할 뿐이다. 그리고 무엇보다 농업적 근면성을 바탕으로 차곡차곡 만들어둔 필살기, 엉덩이의 힘이 있기에 이제는 어떤 일을 해도 클리어할 수 있을 것 같은 나에 대한 믿음이 생겼다. 선배들이 그런 말을하더라. 재한테 맡겨두면 일단 어떻게든 되긴 한다고.

필살기의 시작은

내가 이런 필살기를 가질 수 있게 된 데 결정적인 계기를 제공한 인물이 있다. 바로 현재 네이버에서 커뮤니케이션그룹 총괄을 맡고 있는 채선주 부사장이다. 내가 홍보실 막내로 있을 당시 네이버의 홍보실장으로 그는 우리 팀의 대장이었다. 일단 무섭다. 진짜 대장 같은 포스가… 그리고 동시에 아이러니하게도 내겐 이모(?) 같은 존재이기도 하다.

그에게 이런 양가적 감정이 드는 이유는 일할 때는 진짜 얄짤없는 서릿발 같은 사람이지만, 자기 팀원이 곤란한 상황이 되면 누구보다 적극적으로 나서준다. 다들 잘 알다시피 조직 내에서 전자는 누구나 할 수 있지만 후자는 아무나 할 수 없다. 특히 나의 경우에는 아버지가 생을 마감하는 과정에서 그의 배려 덕분에 꽤 긴 시간 아버지와 함께할 수 있었고 편히 보내드릴 수 있었다. 그 이후로 내 마음대로 그를 이모처럼 여기다 보니 그가 지나치며 하는 말도 더 열심히 들었던 것 같다.

그런 그가 농담처럼 자주 하는 말이 바로 '농업적 근면성'이었다. 반은 화난 심정으로, 나머지 반은 안타까운 심정으로 종종 말하곤 했다.

"영웅아, 홍보는 야마만 잘 잡는다고 다가 아니야.
스스로 생각했을 때 더 이상 안 파도 되겠다 싶을 때
한 번 더 파야 해. 그걸 한 10번 정도 해.
그런 디테일이 조금만 붙으면 좋을 것 같은데…"

이런 말과 함께 늘 "다시!"가 마침표 대신 따라왔다. 그렇게 늘 언제나 내 '숙제'는 쉽게 통과되지 못한 채 꽤 여러 번 '다시'를 경험해야 했다. 여기서 숙제란, 홍보실의 일상적인 업무 외에 개인에게 직접 부여한 미션을 말하는데 (집에 가서 하거나 기본적인 업무를 다하고 주로 야근이나 철야로 해야 하는 일들이기 때문에) 이를 우리는 '숙제'라고 불렀다. 내게는 주로 경쟁사 분석이나 해외 동향과 같은 리서치 업무가 대부분이었다. 당시에는 이걸 소화하는 게 너무 힘이 들었다. 살짝 MSG를 친다면 마치 회사 두 군데를 동시에 다니는 기분이었다.

그러나 조금씩 일에 익숙해지고 숙제들을 클리어해 가면서 처음으로 '일하는 근육'이 붙는다는 게 어떤 느낌인지 알 수 있었다. 이것이 지금 말하는 엉덩이의 힘의 모태가 된다. 정확히 말하면 여기까지는 아직 농업적 근면성을 발휘한 것에 지나지 않는다. 다만 이 과정에서 숙제, 다시 말해 타인의 명령에 의한 미션 수준으로만 받아들인 채 이를 쳐내기에 급급했다면 내게 엉덩이의 힘은 붙지 않았을 것이다.

그러던 어느 날 엉덩이의 힘을 어렴풋하게나마 느끼게 된 사건이 터졌다. 2014년 2월이었다. 당시 일본과 태국 등 해외에서 메신저 앱 라인(line)이 빵 터지면서 네이버의 주가는 하루가 다르게 치솟았고, 시가총액 순위 10위 안에 들어가더니 결국 4위까지 올랐다. 주식을 사둔 나도 같이 흥분했다. 그러나 국내에서는 언론을 비롯해 정부에서조차 네이버에 대한 견제를 넘어 압박을 하고 있는 상황이었기에 국면전환을 위한 야마*가 필요했다.

그즈음 그가 갑자기 나를 불렀다. 그렇다, 숙제를 줄 때의 목소리다. 안 그래도 해야 할 일들이 잔뜩 쌓여 있는데 "영웅아~"그는 항상 꼭 이렇게 이름을 부르면서 대화를 시작한다를 들으면 긴장부터 하게 된다. 그는 어느새 내 자리에 와서는 질문을 던진다.

"영웅아, 우리나라 기업 중에 재벌이나 공기업, 금융기관이 아닌 기업이 시총(시가총액) 10위 안에 들어간 적이 있을까?

개인이 만든 기업 중에 말이야. 만약 없으면 우리가 최초 아냐?"

"이사님, 제가 주식은 잘 몰라서…"

"왠지 없을 것 같은데 확실하게 확인해 보고 자료 뽑아야 되니까
한번 체크해 줘. IR팀에 물어보거나 검색하면 알 수 있지 않을까?"

긴장한 것에 비해 크게 어렵지 않은 숙제 아니, 이 정도면 가
벼운 심부름이었다. 그러나 이 일이 그렇게 쉽게 끝났다면 처음부
터 이 이야기를 소개하지도 않았을 거다.

일단 IR팀에 알아보니 코스피 관련 차트를 따로 기록하고 있
지 않다고 했다. 특히나 네이버만 필요한 것도 아니고 코스피에
등록된 다른 기업의 데이터는 자기들도 알 수 없다고 했다. 살짝
당황한 채 그에게 이 이야기를 전하는 순간 심부름이 숙제로 변하
고 말았다.

"그럼 직접 조사해 봐!

너라면 할 수 있을 것 같은데? 한번 보여줘~"

하하하… 그런데 묘하게 그 순간 이유는 모르겠지만 진짜 알
아내고 싶었다. 나도 궁금했다. 대한민국 경제 역사상 의미 있는
발견일 텐데 그걸 내 손으로 직접 알아낸다는 것이 살짝 흥분도
됐다. 게다가 이제는 잘 알다시피 우리 같은 애정결핍이들은 좋아

하는 사람의 부탁명령을 쉽게 거절하지 못한다. 게다가 인정받고 싶은 욕구가 크기 때문에 더 완벽하게 해내고 싶어한다. 그때까지만 해도 일이 그렇게 커질지 몰랐기 때문일 수도 있다.

일단 포털에 검색했다. 키워드를 이렇게도 해 보고 저렇게도 해 봐도 찾을 수가 없었다. 최근 데이터는 있지만 전체를 볼 수는 없었다. DART(전자공시시스템)도 구석구석 뒤져봤지만 원하는 내용은 없었다. 결국 팀 동료들에게 SOS를 쳤지만 다들 불가능할 거라며 미리 애도(?)를 보내는 이도 있었다. 그때 머리를 맴도는 목소리…

'…너라면 할 수 있을 것 같은데?…'

'…할 수 있을 것 같은데?…'

'…같은데?…'

멈추고 싶지 않았다. 인맥(?)을 동원해 보기로 했다. 코스피와 코스닥의 차이도 모르는 수준이었던 나는 일단 되는 대로 회계사부터 재무설계사, 트레이더 등 주식, 증권과 관련된 회사에 다니는 모든 지인에게 연락했다. 인맥이라지만 다 친구들이다 보니 그들도 나처럼 회사 내에서 막내라 다들 제 콧물 닦기 바빴다. 그렇게 수소문한 끝에 베프가 다니는 회계법인의 동료가 있는데, 그 동료의 친구가 증권사에서 일하는데 헉헉 차트를 줄 수 있을 거란다. 심 봤다!

　우여곡절 끝에 엑셀로 정리된 코스피 차트를 받고 이제 됐구나 싶은 마음에 메일을 열었다. 엑셀 파일을 다운로드받는데⋯ 이런⋯ 동영상도 아니고 문서인데 용량이 기가바이트(giga byte, GB)로 표시되어 있었다. 왓더⋯ 하긴 몇십 년 동안 몇백 개 기업의 시가총액이 정리된 파일인데 용량이 클 수밖에 없겠지. 그래도 실제로 이걸 내 눈으로 직접 보고 있자니 하늘이 노래졌다. 파일이 너무 무거워서 커서를 움직이는 것조차 렉이 걸렸다. 시계를 보니 벌써 밤 11시가 넘어가고 있었다.

　여기서 멈추고 싶지 않았⋯지만 멈춰야 했다. 넘겨야 할 보도자료가 우선이었고 다음 날 당번(홍보실은 언론기사 모니터링을 위해 돌아가면서 당번을 한다)이라서 새벽에 출근해야 됐기에 잠시 멈췄다. 그리고 일주일 동안 기본적인 업무들을 해가며 사실 그것만으로도 벅찬 막내였지만 어마어마한 양의 엑셀 시트들을 눈 빠지도록 보고 또 봤다. 그리고 또 봤다. 혹시 놓칠세라 꼼꼼히 차트를 뚫어져라 봤다. 눈알이 빠질 것만 같았다. 글자와 숫자를 보면서 소위 말하는 재벌 계열사나 공기업, 금융업이 아닌 기업이 시총 10위 안에 들어온 것이 있는지 없는지 찾아내기만 하면 되는데⋯ 이게 말로는 너무 쉬운데⋯ 어려운 일은 아닌데⋯ 너무 어려웠다. 그때를 떠올리기만 하면 아직도 속이 메스꺼워진다.

차트를 보면서 온갖 생각을 다했다. 크게 변동 없던 80년대를 지나 97년쯤 오자 시총 Top 10이 요동치면서 자료가 읽기 힘들어졌다. 좋은 이슈를 활용하지 못하게 되어 아쉽기는 하지만 차라리 가설을 깨는 기업이 나타났으면 하는 생각도 했다. IMF를 엑셀 파일에서도 느낄 수 있었다. 더 보기 어려워지고 시간은 더 오래 걸렸다. 파도를 지나 21세기를 맞이했다. 일주일 동안 거의 밤잠을 설쳐가며 차트를 체크했다. 그리고 마침내 아래 문장을 자랑스럽게 쓸 수 있게 되었다.

"대한민국 역사상 재벌 계열사, 공기업, 금융업이 아닌
개인이 창업한 기업이
시가총액 10위 안에 든 것은 네이버가 유일하다."

한 송이의 국화꽃을 피우기 위해 봄부터 소쩍새는 그렇게 울었고, 이 한 줄을 완성하기 위해 밤마다 내 엉덩이는 그렇게 버텼나 보다.

오이를 먹이는 방법 따윈, 없다

라디오 PD를 꿈만 꿨다. 라디오라는 매체 특성상 원서를 낼 기회도 많지 않을뿐더러 어렵게 찾아온 2번의 기회도 날려버렸다. 물론 준비가 부족한 탓이었다. 한 해를 더 준비해야 하나 여기에서 포기해야 하나 기로에 섰다. 그해 여름 이미 학교를 졸업하고 말 그대로 백수가 되었기 때문이다. 그동안 졸업을 미룰 수 있을 때까지 미루다 보니 어느덧 과에서 가장 나이 많은 선배가 되어 있었고 또 졸업 유예를 하자니 수업도 듣지 않으면서 내야 할 등록금이 아까웠다.

그렇게 취직을 하지 못한 채 대학을 졸업하고 나니 한동안 내 자신이 잉여.스럽.게 느껴졌다. 가고자 하는 방향대로 나아가지 못했고 방향을 상실한 인간이 되어버렸다. 게다가 태어나 처음으로 '소속'이 없어졌다. 어딘가에 속해 있지 않다는 것이 주는 공포는 28살 청년의 멘탈을 갈아 마셔버렸다. 마치 인생이 망한 것 같고 앞으로 희망 따윈 없을 것 같은 불안감이 찾아왔다.

잉여인간이 되다

그러나 멘탈이 나간 상황인데도 아이러니하게 작은 재미를 발견하게 된다. 그 불안과 불확실성 속에서 말이다. 내가 발견한 작은 재미란 정해진 것이 하나도 없기에 모든 것을 처음부터 끝까지 내 손으로 정해야 하는 재미를 말한다. 정해진 시간에 일어나지 않아도 되고, 아르바이트를 가거나 공부를 할 필요도 없었다.

하루의 시작부터 끝까지 철저히 내가 선택할 수 있었다. 그 누구의 눈치도 보지 않고 철저히 내 마음대로 하는, 타인의 간섭과 개입이 없는 시간을 보냈다. 혼자 자취를 했기에 가능했다. 만약 부모님과 함께 살았다면 불가능했을 것이다. 맞아 죽든, 답답해서 화병火病으로 죽든….

앞서 읽어왔다면 눈치챘겠지만 나는 타인의 시선에서 자유롭지 못한 유형의 인간이다. 우리 같은 애들은 가족이나 주위 사람들의 인정과 사랑을 받기 위해 그들의 시선을 선택의 지표로 삼는다. (더 정확히 말하면 그들과 나의 욕망 사이의 적절한 합의점을 찾아서 선택하는 게 더 정확한 표현일 것이다.) 나 같은 사람에게 100% 자유로운 선택이란 말처럼 쉬운 일이 아니었다. 해 본 적이 없으니까.

그렇게 3개월을 보냈다. 보통 이쯤 되면 대단한 발견이나 남다른 행동으로 깨우침을 얻고 인생 대반전이 펼쳐져야 하지만… 나는 철저하게 널브러져 지냈다. 이래도 되나 싶을 정도로 하고 싶은 것만 했다. 참고로 미리 밝히지만 나는 지극히 다행히도 평균적인 수준의 사고능력과 신체능력을 지닌 평균 이상의 몸무게를 가진 평범한 인간이다. 특별한 사람처럼 보이고 싶은 욕망이 있었지만 살다보니 금방 뽀록나기에 그런 척도 한때 하다 말았다. 그런 인간이기에 뭔가 대단한 발견을 하거나 남다른 행동을 하진 않았다. 철.저.히 잉여인간으로 살았다.

주로 드라마나 영화를 보면서 시간을 보냈다. 〈그사세〉*를 보면서 PD가 되지 못한 것을 아쉬워하기도 하고 당신이 떠올리는 찌질하기 짝이 없는 그 모습, 맞다. 미드 〈24hours〉로 진짜 24시간을 채워보기도 했다. 당연히 식사는 100% 배달음식이었고, 자고 싶을 때 자고 먹고 싶을 때 먹었다. 동시에 집은 돼지우리가 되어 갔다. 돈이 떨어지면 선배들한테 얻어먹고 친구들한테 빌려먹었다. 왜 그랬는지 잘 기억나진 않지만 그때는 철저하게 이기적으로 하고 싶은 것만 했다.

불안과 불확실성에서

그렇게 지내다 보니 내 삶의 작은 변화가 생겼다. 선택을 해야 하는 상황이 오면 항상 타인의 눈치를 보며 우물쭈물하던 이전과 달리 선택에 주저함이 없어졌다. 그냥 저절로 됐다. 우습게도 말 그대로 '지 맘대로' 살다보니 생긴 버릇과도 같은 것이었다. 살짝 오글거리게 말하면, 내 삶에 진정한 주인으로서 주체성을 찾았다고나 할까? 품 타인에게 잘 보이기 위한 삶에서 처음으로 눈치 보지 않고 철저히 나 자신만 생각하는 삶을 살았기 때문에 가능했다.

더 신기한 건 어느 날 갑자기 언론고시에 대한 미련이 깔끔하게 사라졌다. 적성이고 뭐고 그냥 더 이상 질척거리지 않을 수 있게 됐다. 그렇게도 포기가 되지 않던 게 하루아침에 말끔하게 정

리가 되더라. 지독한 짝사랑의 끝처럼 어느 날 갑자기 아무렇지 않게 말이다. 그러고는 크게 고민하지 않고 재빨리 다음 선택을 할 수 있었다. 그렇다고 갑자기 삶의 의욕이 미친 듯이 샘솟은 것은 아니었다. 없던 불굴의 의지가 생겨난 것도 아니었다. 그러면 정말 대단한 사람이게?

단지 재미(?)를 느끼고 싶었다. 어디선가 이런 이야기를 한번쯤은 들어봤을 것이다.

> "아이들에게 오이를 먹이는 가장 어려운 방법은
> 부모가 아이에게 오이를 먹으라고 강요하는 것이고,
> 반대로 가장 쉬운 방법은
> 아이들이 오이를 먹고 싶은 마음이 들게끔 만드는 것이다."

그렇다, 인간은 결국 자신이 하고 싶어지면 다 하게 되어 있다. 결국 내가 다음 선택을 빨리할 수 있었던 것은 선택하는 재미를 느낀 덕분이었다. 자기 인생을 스스로 선택하는 재미 말이다. 원래 재미있는 건 만사를 제쳐두고 얼른 하고 싶어지는 법이니까. (그 시간을 묵묵히 참고 기다려준 어머니께 이 자리를 빌려 감사하다는 인사를 꼭 전하고 싶다. 당시 나보다 어머니의 속이 더 탔을지도 모른다.)

부끄럽지만 완전 끝난망한 줄만 알았던 28살의 인생에는 생각보다 선택할 수 있는 게 많았고 나는 주체적 선택이라는 것 자체가 주는 재미에 푹 빠질 수 있었다. 그러던 와중에 지인이 광고 공모전을 준비 중인데 팀원 한 명이 필요하다며 제안을 했고 그렇게 광고의 세계에 첫발을 디디면서 이렇게 마케터의 삶을 살고 있다. 그리고 그때 내게 공모전을 함께하자고 제안을 했던 그이는 그 죄로 이 책의 일러스트를 그려야 했다.

아! 혹시나 노파심에 하는 말인데, 그놈의 주체적인 선택, 주체적 삶 같은 것들이 마음먹는다고 해서 쉽게 되는 건 아니다. 이 역시도 훈련과 연습이 필요한 영역이다. 작은 선택부터 하나씩 천천히 해 보는 습관을 들여보는 것을 추천한다.

자신의 취향(taste)을 통해 스스로를 브랜딩하기

1. 먼저 좋아하는 컬러를 선택한다. 딱 하나만 꼽기 어렵다면 우선순위를 매겨도 된다. 좋아하는 컬러가 바뀌지 않아야 한다는 강박은 가질 필요 없다. 그냥 지금 기분대로.

2. 이제 음악, 음식, 축구팀, 자동차, 정치인 등 무엇이 됐든 생활 속에서 만나게 되는 다양한 브랜드별로 가장 좋아하는 것을 고른다.

3. 선택의 이유를 꼭 구체적인 언어로 정리해 본다. 그게 말이든 글이든 상관없지만 머릿속에서 막연한 생각으로만 가둬놓으면 안 된다. 선택의 이유를 언어를 통해 스스로 인지하는 과정이 필요하다.

4. 다양한 선택의 이유들을 모아본다. 공통적으로 반복되는 키워드를 뽑아본다. 내 경우에는 주로 '디자인', '예뻐서', '숨기는 게 없을 것 같아서', '장인정신', '군더더기가 없어서'와 같은 키워드들이 내가 브랜드를 택하는 이유로 자주 반복되었다.

5. 시간을 두고 이 과정을 반복해 본다. 여기서 발견되고 변화하는 키워드는 곧 나 자신의 욕망이자 정체성을 의미하며 나를 상징하는 키워드가 된다. 이를 바탕으로 나만의 브랜드를 조금씩 확립해 간다.

네이버에 들어간 이유

한때 오늘을 담보 삼아 막연히 내일에 있을 (수도 있는) 행복을 대출해 살았던 적이 있다. 당시 내겐 행복은 항상 '내일'에 머물러 있었고 '오늘'은 늘 찬밥신세였다. 그도 그럴 것이 어릴 때부터 집이나 학교에서 하라는 것만 열심히 하면 내 인생은 행복해진다고 가르쳤고 그들이 나를 얼마나 아끼는지 알기에 굳이 그 진심을 거부할 이유도 없었다. 나는 그들에게 사랑과 인정을 받는 것에 목말라 있었기에 그들의 말을 차마 거스를 용기도 없었다.

그렇게 묵묵히 살다

그렇게 묵묵히 내가 해야 할 일을 하나씩 했다. 다행인지 불행인지 모르겠지만 그들이 제시하는 미션을 충실하게 수행했고, 최선의 결과는 아니었지만 썩 나쁘지 않은 결과를 매번 달성했다. 그들은 흡족하게 만족하진 않았지만 아쉬움을 애써 감추며 다음에는 더 잘하기를 기대했다. 그렇게 성장해오며 내가 하고 싶은 것 또는 내가 하면 행복한 것보다는 '그들이 원하는 것 중에서 그나마 내가 택할 수 있는 것'을 선택하는 것이 너무 당연한 일이 되어버렸다. 어디 나만 이랬겠는가? 내 친구들이 그러했고, 나와 같은 시대를 살았던 많은 이들의 공통된 경험일 것이다.

공부를 열심히 하라고 해서 혼나지 않을 정도로 했고, 좋은 대학을 가라고 해서 적당히 욕먹지 않을 정도로 진학을 했다. 좋은 직장에 가라고 해서 대기업에 입사를 했다. 그러나 나는 원래 그림을 그리고 싶었고 노랫말을 쓰고 싶었다. 대학은 미대를 가고 싶었고 직업은 라디오 PD를 꿈꿨다. 유희열을 DJ로 섭외해서 〈음악도시〉 같은 프로그램을 만들고 싶었다. 그러나 이러한 선택지는 내가 사랑하고 존경하는 그들이 제시한 범위 안에 없었다. 그래도 '오늘을 열심히 살면 내일에 있을 행복을 기대할 수 있다'는 부모의 가르침에 따라 제법 성실하게 수행했고, 그 결과도 꽤 나쁘지 않다고 자위했다. 차라리 미션을 완벽하게 수행했거나 반대로 완전하게 망쳤다면 나는 조금 더 자유로울 수 있었을까…?

나 자신만을 위한 선택

결과적으로 나의 연속된 선택들은 타인의 탓이 아닌, 미치거나 미친 척하지 못한 나의 우유부단함이 가져온 결과물이었다. 그리고 그 우유부단함을 극복할 수 있었던 '철저히 이기적인 선택'들을 비로소 서른이 다 되어서야 하게 된다. 잉여로 살아보니 되더라… 누구의 눈치도 보지 않고 온전히 나 자신만을 위한 선택을 시작했다. 처음만 힘들지, 한번 하니까 그 이기적인 선택을 계속하게 되더라.

첫 번째 선택은 바로 대학원이다. 2010년 겨울이었다. 방송국 입사에 실패하고 방황을 하다가 우연히 작은 광고대행사에서 인턴을 하게 됐다. 그러나 준비되지 않은 채 업계에 뛰어들어서인지 잘할 자신이 없었다. 같이 들어온 동기들은 광고에 대한 열정이나 직업으로서의 방향성이 명확한 데 비해 나는 그저 떠밀려 왔을 뿐이었다. 그러다 옆자리 동기 녀석이 대학원 원서를 쓰고 있는 걸 봤다. 솔직히 말하면 도망가고 싶었고 충동적으로 이틀 만에 원서를 접수했다. 새로 쓸 시간도 부족해서 KBS 서류 전형에 통과했던 자소서를 그냥 '복붙'했다. 그런데 하늘이 도왔다.

그리고 어머니께 부탁을 빙자한 통보를 했다. 학비가 부족했으니 다른 도리가 없었다. 그렇게 주위를 고려하지 않은 이기적인 선택이었다. 확실히 선택에 주체성이 붙으니 동기부여도 달랐다. 기존의 나는 주어진 미션을 90% 정도까지만 달성하는 사람이었다면 이때부터는 100%를 넘어 120%, 150% 아니, 그 이상을 달성하기 위해 영혼을 불살랐다. 전공 수업뿐만 아니라 다른 전공인 디자인 수업까지 전부 들었다. 당시 그 학과의 신입생은 내가 자기네 전공 선배인 줄 알았을 정도였다. 살맛 났다. 디자인 수업 과제가 어찌나 재미있던지 전공 논문을 쓰면서도 잠도 안 자고 밤새도록 디자인 작업을 했다. 하고 싶은 걸 하는 기분을 한없이 만끽했다. 그때 목과 어깨, 그리고 손목을 잃었다.

그렇게 2년을 즐겼다. 디자인 전공으로 바꿔서 제대로 공부해 보고 싶었다. 어릴 때 꿈이기도 했으니까. 허나 애석하게도 집안 형편상 공부를 더 할 수는 없었다. 그렇다고 영화나 드라마의 주인공처럼 대단한 결기가 있는 캐릭터는 아니어서 또 '그들이 원

하는 것 중에서 그나마 내가 택할 수 있는 것'을 하기로 했다. 이게 영화나 드라마처럼 사람이 확 바뀌진 않더라. 내 선택은 취직이었고 그나마 택할 수 있는 안은 그동안 준비한 것을 펼칠 수 있는 곳이었다.

취직을 하고 보니

막상 취직을 준비해 보니 마음대로 되는 게 하나도 없었다. 그때부터는 내가 가장 가고 싶은 회사는 '가장 먼저 뽑아주는 회사'였다. 그게 그동안 고생해 온 어머니에게 보답하는 길이라고 믿었다. 사실 이런 결정에 이미 익숙한 나였다. 정말 다행히 졸업하기 전에 취직할 수 있었고, 그곳이 바로 네이버 홍보실a.k.a 홍보맨들의 3대 지옥이었다.

나름 전공을 살린 일이긴 했지만 내가 무엇을 해야 행복한지 알아버린 터라 처음에는 마음을 잡지 못했다. 그러나 막상 입사를 하니 쏟아지는 일들에 그런 걸 따질 여유가 없었고, 얼마 지나지 않아 아버지의 장례를 치러야 했고 가족이라곤 이제 어머니뿐이었기에 어머니에 대한 책임감이 커졌다. 하고 싶은 일을 하는 것은 사치라며 또 스스로 위로했다. 근데 쓰다 보니 이거 너무 신파 같은데… 다시 말하지만 이 내용들이 팩트이지만 내 삶의 장르는 코믹활극이다. 괜히 코 찡해지지 않아도 된다.

솔직히 입사 초반에는 좋았다. 생각해 보라. 당신이 아무리 하고 싶지 않은 일이라고 해도 입사한 회사가 '대학생이 취직하고 싶은 회사에 항상 손꼽히는 곳이라면? 솔직히 기분 좋지 않을까? 또 나만 쓰레기야? 일단 주위에서 '우와~' 해 주는 회사인데다가, 누구보다 어머니가 신이 나신 모습에 흐뭇했다. 만나는 사람마다 아들 잘 키웠다는 이야길 한다며 내 칭찬을 들을 때마다 전화를 주셨다. 이런 게 효도구나 싶었다. 그때를 떠올리면 얼굴이 빨개질 정도로 창피하지만, 당시엔 그 시선이 싫지만은 않았다. 오히려 즐기기도 했다,

게다가 당시 나는 오랜만에 들어온 신입이었기에 내 능력에 비해 선배들에게 예쁨을 많이 받았다. 특히 내게 엉덩이의 힘을 알려준 채선주 CCO(당시 홍보실장)는 나를 이모처럼(?) 챙겨줬고 덕분에 나는 망둥이처럼 뛰어다녔다. 인정받고 싶은 욕심에 더 미친 듯이 일했다. 또 일이 적성에 안 맞는다는 생각이 들어도 '처음이라 그런 거겠지' 하며 넘겼다. 군대처럼 버티다 보니 새로운 경험과 시야를 갖게 됐고, 게다가 업계에서 일 잘하는 선배들이 모여 있는 덕분에 일도 빨리 배울 수 있었다.

일을 하는 기본기를 단단하게 다지는 시간이었다. 그때의 경험이 지금 내가 일하는 방식의 밑거름이 되었기 때문이다. 그때 배운 것 중 가장 대표적인 것이 앞에서 이야기했던 '실력이나 경험이 부족할 때는 엉덩이의 힘으로 극복하는 법'이다. 셀프 믹서 덕분에 연봉이 이래도 되나 싶을 정도로 빨리 올랐고 꿈에 그리던 드림카도 살 수 있었다. 무엇보다 승진도 빨랐다. 과분할 정도

였다. 쓰다 보니 자랑 쩐다… 가고자 했던 길은 아니었지만 무엇보다 어머니가 좋아하는 모습을 보는 것이 뿌듯했기에 오늘을 조금만 더 희생하면 내일엔 행복할 수 있다고 믿었다.

그렇게 달콤한 현실적 조건들과 타인의 부러워하는 시선을 받으며 이렇게 살면 행복해지는 줄 알았다. 누구나 마음속에 채워지지 않는 갈증 하나쯤은 담고 산다고 생각했다. 그렇게 사는 게 맞다고 믿었다. 그렇게 현재를 포기하고 내일의 행복을 위해 내가 하고 싶은 것보다는 '주위에서 원하는 것 중에서 그나마 내가 택할 수 있는 것'에 집중하며 직장생활을 했다.

그런데 문제가 있었다. 남들이 부러워하는 직장, 드림카, 괜찮은 연봉… 이런 것들이 행복이라고 여겼는데 여전히 채워지지 않는 무언가가 나를 바닥으로 끌고 갔다. 갈증이 나날이 심해져 갔다. 행복해지려고 선택했던 삶에 정작 행복은 없었다. 그런데 더 무서운 것은 그것을 찾으려는 노력조차 희미해져 갔으며 아예 그 존재 자체를 부정하기 시작했다.

원래 직장생활이 다 그런 거지.

남들도 다 이렇게 살 거야. 원래 다 그래.

그러던 어느 날, 삶의 궤적을 송두리째 바꿔버리는 일이 벌어지고 말았다.

네이버를 떠난 이유

어느 여름날, 과장님이 나를 불렀다. 곤란하고 미안한 표정이었다. 대충 느낌이 왔다.

'뭔가 부탁을 하려는 거구나.'

그가 말하길 내일까지 급하게 작성해야 할 보고서가 있어서 언론사 인터뷰 지원을 대신 나가달라는 부탁이었다. 처음 표정을 봤을 땐 큰 부탁인 줄 알았는데 그 정도야 하는 마음…은 인터뷰 장소를 듣고 사라졌다. 그 장소가 일산이었기 때문에. 회사는 분당, 인터뷰 장소는 일산. 차로 왕복 4시간이 넘는 부담스러운 일정이었다. 사실 거절할 수 있는 짬밥도 아녀서 다녀오겠다 했다. 때마침 오늘담보대출에 지쳐갈 때이기도 했고, 숨 쉴 틈이 필요했다.

그때까지만 해도 내 인생이 뒤흔들릴 만한 사건이 일어날 줄은 꿈에도 몰랐다. 최근에 이 형(그때 과장님)이랑 오랜만에 한잔하다가 그날 이야기를 했더니 "그럴 줄 알았으면 그냥 내가 갈걸" 하며 아쉬워했지만 여전히 이 형은 회사를 잘 다니고 있다. 차장으로 승진했더라.

일산으로 넘어가기 전에 선배에게 관련 자료를 건네받았다. 매체는 〈매일경제〉와 〈국민일보〉, 인터뷰이는 곽백수 작가였다. 곽백수라고 하면 당시 지친 회사생활에 작은 숨통을 틔워주는 웹툰

〈가우스 전자〉를 연재하는 인기 작가였다. 실제로 어떤 사람인지 궁금하기도 했고, 어떤 경험을 했기에 이런 스토리를 써낼 수 있나 하는 궁금증을 안고 택시에 몸을 실었다. 아이팟 셔플옛날사람 인증을 꺼내서 귀에 꽂고는 잠을 청했다.

음악이 지겨워질 때쯤 아파트 숲 가운데 위치한 공원에 도착했다. 그날따라 햇살이 너무 뜨거워서인지 인터뷰는 일사천리로 진행됐고 예상보다 일찍 끝났다. 자리를 파하려는데 곽백수 작가가 우리에게 자리를 청했다.

**"다들 고생 많으셨어요. 먼 길 오셨는데 딱히 대접할 건 없고
날도 좋은데 여기 평상에서 맥주나 한잔하고 가요."**

평소 같으면 밀려 있는 일거리를 떠올리며 얼른 복귀를 했겠지만, 그날따라 이상하게도 몸이 평상으로 스르륵 옮겨가더라. 그때 왜 그랬는지 지금도 여전히 의아하다. 그렇게 시작된 평상 대화, 마냥 시답잖은 농담 따먹기 하다 끝날 줄 알았던 그 대화는 걷잡을 수 없는 방향으로 흘러갔다.

곽 작가는 의외로 사람들이 생각하는 일반적인 직장생활을 한 번도 해 본 적이 없다고 했다. 그러나 그의 입에서 나오는 말들은 하나같이 띵언*이었다. 도사 같은 분위기로 행복에 대해 이야기하자 나는 입에서 끊임없는 탄식을 뱉어냈다.

"아!" "아~" "아…"

그가 우리의 마음을 뒤흔들어놓자 나랑 동갑이었던 기자는 자신의 고민을 꺼내기 시작했다. 역시나 30대 초반의 전염병과도 같은 퇴사, 결혼, 미래에 관한 이야기였다. 그러나 그도 안정적인 직장을 버릴 수가 없어 머뭇거리고 있다고 했다. 누구나 그렇듯 가슴에 사표를 품고 다니지만 품 안을 떠난 적은 없다고 했다. 그들의 대화 속에서 나는 존재감 없이 듣고만 있었다. 뭔가 입을 열었다간 눈물이 쏟아져 나올 것만 같아서 말을 할 수가 없었다.

목젖이 묵직해지고 갈증이 났지만 복귀해야 하니 맥주 대신 콜라를 한 모금 마셨다. 그냥 조용히 듣고만 있었다. 아무 말도 할 수 없었다. 곽 작가가 말하는 행복에서 나를 찾을 수 없었기 때문이었다. 그냥 머리가 멍해지고 어지러웠다. 더운 날씨 탓이겠거니 했다. 그렇게 선문답 같은 대화가 끝나갈 무렵 곽 작가가 던진 마지막 말에 나는 결국 무너지고 말았다. 시간이 꽤 지난 지금도 그날의 공기와 그가 했던 말은 여전히 또렷하게 기억이 난다.

"요즘 친구들은 참 몰라.
지금 자기 발밑이 무너져 내리고 있는 걸 말예요.
내일에 있을 행복만 쫓는 것 같아.
그런데 그거 알아요? 내일은 항상 내일에 있는 거?"

이 말이 귀를 타고 목구멍을 지나 심장에 꽂혔다. 택시에 올랐는데 오르자마자 다리가 풀리고 눈물이 쏟아지기 시작했다. 솔직히 이유를 알 수 없었다. 정확히 말하면 그때까지만 해도 몰랐다. 왜 눈물이 나는지를.

내가 잊어버린, 내가 좋아하는 일

그 이야기를 곱씹으며 며칠을 보냈다. 나는 좋은 직장에서 열심히 일하며 차근차근 일도 배우고, 입사동기들과 몰려다니며 학생 때 기분을 내기도 하면서 아주 안정적(?)으로 잘 살고 있다고 생각했는데 왜 그렇게 울었을까? 계속 곱씹어봤다. 그러다 회사 메일함에서 그 이유를 찾을 수 있었다. 디자이너가 보낸 기프트 카드 디자인 시안 메일이었다.

당시 대외 홍보를 위해 네이버 서비스를 이용할 수 있는 기프트 카드를 제작하고 있었는데, 중요도에 비해 손이 많이 가는 귀찮은 일이라 역시나(!) 막내인 나의 몫이었다. 이왕 배정받은 김에 더 잘하고 싶어서 요구사항이 많아졌고 그러다 보니 자연스럽게 담당 디자이너와 많은 메일을 주고받았다. 그가 보낸 메일에는 새로운 디자인 시안이 첨부파일에 담겨 있었다. 거기서 그만 내 마음 깊은 곳에 묻어둔 디자인에 대한 열망을 마주할 수 있었다. 너무 정신없이 지내다 보니 내가 언제 행복한지를 잠시 잊고 있었던 것이다. 이건 단순히 일의 양과 시간의 문제가 아니었다. 피곤하고 힘들지만 그래도 내 입꼬리를 올라가게 만드는 일이 무엇이었는지 잊고 살아왔던 것이었다.

곽백수 작가의 말을 빌리자면 나는 막연한 내일의 행복을 위해 오늘을 희생시키는 사람이었다. 그렇다면 과연 '나의 내일에는 행복이 있을까' 하는 의문이 찾아왔다. 행복해지고 싶은 욕망은 이상한 곳에서 방향을 잃고 말았다. 그러나 여전히 그 욕망의 크기만큼 두려움이란 놈도 함께 찾아왔다. 아이러니하게도 행복해지려면 두려움을 만나야 했다.

당장 회사를 박차고 나온다고 무조건 행복해진다는 보장이 없지 않은가? 잠깐의 방황을 제외하고는 30년이 넘게 가정, 학교, 회사로 이어지는 안전한 시스템 안에서만 살아온 인생이었다. 정해진 루트 안에서 그에 맞게 충실하게 살아왔다. 성실히 미션만 수행하면 궤도를 벗어나지 않고 예측할 수 있는 방향으로 갈 수 있는 삶이었다. 더 솔직하게 말한다면 지금까지 온실 밖에서 살아본 적이 없었다. 화초는 아닐지언정 비닐하우스 끄트머리에 몰래 붙어 있는 잡초마냥 끈질기게 발버둥을 쳐본 적도 없었다. 그렇게 시스템을 벗어난다는 것을 상상해 본 적도 없었기에 두려움이 함께 따라왔다.

단 하나의 이유

그날 이후 주판을 두드리기 시작했다. '온실을 벗어날 때 찾아올 두려움'과 '행복한 오늘을 만날 기쁨'의 크기를 재기 시작했다. 그러나 슬프게도 그만둬야 할 이유는 하나인데, 그만두지 말아야 할 이유가 너무 많았다. 일단 당장 생활비를 벌 여력이 없었고, 동료들에게 미안한 마음이 들었다. 무엇보다 우리 이모 같은 그가 날 이렇게 예뻐해 주는데 등 돌릴 용기가 없었다. 애정결핍이들에게 나타나는 전형적인 행태 아니겠는가. 동기들이랑 4층 카페에서 700원짜리 커피를 마시며 수다를 떠는 시간도 잃기 싫은 큰 낙이었다. 업무적으로는 네이버 산지직송(현 프레시원도)이란 새로 나온 서비스를 가장 먼저 홍보하는 기회도 잡았고, 회사 내에서 가장 좋아하는 서비스였던 네이버 스포츠를 배정 받으면서 동기부여도 됐다.

그래도… 그래도… 그래도 결국에는 사표를 썼다. 이게 바로 나의 두 번째 이기적인 선택이었다. 앞서 밝힌 것과 같이 다녀야 할 이유는 많았지만 그럼에도 불구하고 단 하나의 이유로 퇴사를 했다. 철저하게 나만 생각했다. 조금 이상한 계산기를 썼다. 단순히 현재의 일이, 직장이 싫은 것은 아니었다. 그러나 곽 작가를 만난 이후부터 막연히 마음속에 품고 있었던, 포기했던, 잊은 척했던 것이 선명해졌기 때문이었다. 몸은 죽을 것같이 피곤해도 하는 내내 '뇌가 열리는' 일을 하고 싶어졌다.

뇌가 열리는 희열을 주는 일이란, 명확하게 정의 내리기는 힘들지만 최대한 내가 할 수 있는 언어를 총동원해 본다면, 바로 사람들이 열광하는 크리처(creature)를 만드는 것이다. 그것이 그림이든 글이든, 유무형의 상품이든 간에 사람들의 욕망을 읽어내고 이를 구현할 때 나는 뇌가 열리는 경험을 한다.

다시 말해 사람들에게 사랑받는 무엇인가를 만들어내는 일을 하고 싶은 것이었다. 누가 애정결핍이 아니랄까 봐. 사람들이 가진 열망이나 그들이 가고자 하는 방향을 읽어내고, 그 열망과 방향이 만들어낸 사회적 욕망을 구체화하고 이를 내 프로덕트와 일치시키는 작업이 바로 그것이다. 직업으로 표현한다면 마케터나 브랜드 기획자 정도가 되지 않을까?

결국 나는 '사랑받는 것'을 만드는 사람이 되고 싶어서 '사랑하는 사람들'의 걱정을 뒤로하고 '사랑하는 회사'를 떠나게 된다.

성공보다는 '성취'를 품고 일하기

'어디를 다니는 사람'이 되기보다는 '무엇을 할 수 있는 사람'이 되는 것이 내 연봉을 올리는 데 더 유리하다고 믿는다. '거기를 다니는 사람'은 많지만 '그것을 할 수 있는 사람'은 생각보다 많지 않다.

러브마크는 마케터가 만들 수 없다

아무리 유능한 마케터라도 직접 러브마크를 만들 수 없다. 러브마크는 팬들이 만드는 것이다. 그들은 이유가 있어서 사랑하는 게 아니라 사랑하기 때문에 이유를 만드는 사람들이다. 결국 나도 내 브랜드의 팬이 되어야 한다.

주변 의견에는 적당히(?) 귀 기울인다

1. 동료들의 의견을 경청하는 것은 매우 중요하다. 그러나 거기에 너무 집중한 나머지 내가 중심을 잡지 못하면 브랜드는 결국 안드로메다로 가게 된다.

2. 당신이 틀린 게 아니다. 그렇다고 당신이 상사보다 못난 것도 아니다. 그럼에도 매번 당신의 기획서가 지적을 받는 이유는 원래 '되는 이유'보다 '안 되는 이유'를 찾는 게 훨씬 쉽기 때문이다.

디테일의 지속성

다양한 마케터들의 사모임인 '마님들'끼리 모이면 답을 내리지 못하는 화두가 있다. 서로의 경험에 빗대어 갑론을박을 벌이지만 쉽게 결론을 내지 못하고 그냥 흐지부지되고 만다. 그것은 바로 브랜딩, 특히 스타트업과 같이 회사의 규모가 작거나 제품의 인지도가 낮은 상황에서 군이 브랜딩을 위해 예산을 집행해야 하는가에 대해서 토론이 벌어지면 의견은 팽팽하게 맞선다.

우선 소규모의 회사나 인지도가 낮은 제품에 브랜딩을 위한 비용을 지불하는 것을 반대하는 이들의 논리는 강력하고 명확하다. 흔히 우리가 생각하는 브랜딩이란 업무의 특성상 가시적 성과를 측정하기 힘들기 때문에, 현재 비용이나 인력이 부족한 상황에서는 보다 직접적이고 즉각적인 성과가 측정되는 업무에 더 치중하고 브랜딩은 차후에 할 수 있을 때(?) 해야 한다는 주장이다. 조금 극단적으로 비유하자면 쌀 사고 반찬 사는 데 돈을 우선적으로 비용을 지불하고, 책을 사거나 자신을 가꾸는 데 드는 돈은 가급적 미뤄야 한다는 의견이다. 현실적이고 강력한 논리다.

산소 같은 녀석, 브랜드

그러나 나는 초기부터 브랜딩에 대한 활동을 해야 한다고 주장한다. 마치 공기 중의 산소라고 보는 것이다. 눈에 보이진 않지만 없는 것은 아니며 만약 없다면 호흡할 수 없는 것처럼, 브랜딩을 위한 다양한 활동들은 가시적 성과로 측정하기 힘든 측면이 있지만 그렇다고 제대로 구축하지 않는다면 시장에서 오래 생존하기 어렵다. 브랜딩 활동이 효과가 없는 것이 아니라 우리가 이를 측정할 능력이 없을 뿐이다. 측정할 수 없다고 필요하지 않은 것이 아니라 측정할 수 있는 방법론에 대한 고민이 필요하다.

언제나 그렇듯 우리는 늘 각자의 주장을 피력하기 위해 틈을 파고들지만 쉽게 정답을 찾지 못하고 평행선을 달린다. 각각의 주장들이 모두 설득력 있기 때문이다. 그러다가 대화를 정리해야 될 때가 오면 언제나 '브랜딩은 결국 대표의 의지에 따라'로 이야기를 마무리한다. 그렇다면 이 토론은 왜 쉽게 답을 찾지 못했을까? 정말 답이 없는 문제일까? 아니면 우리가 무능한 마케터들이어서 그런 건가? 나는 그럴지 몰라도 적어도 그들은 그렇지 않다. 고민을 하다 보니 문득 이런 생각이 들었다.

어쩌면 우리는 각자가 경험하고 생각하는
브랜딩에 대한 정의나 범위가 다르기 때문은 아닐까?

브랜딩이란..?

대체 브랜딩은 무엇을 말하는 것인가? 느낌적인 느낌은 알겠는데 이걸 또 막상 말로 하라면 애매한 그놈의 브랜딩… 브랜딩 업무에 대해 모두가 공감할 만한 정의를 내리려면 먼저 브랜드에 대해서 합의를 이루어야 한다.

개인적으로 애용하는 표현이 있다. 브랜드란 우리가 제품이나 서비스를 직접 또는 간접적으로 경험한 뒤 형성되는 다른 무엇과 구별되는 고유한 인상이다. 여기서 직·간접적 경험이라 하면 제품을 직접 사용해 보는 것부터 광고를 보는 등 마케팅 의도가 담긴 모든 것들을 온몸으로 받아들이는 것이라고 이해하면 쉽다. 그리고 이러한 고유한 인상은 개인에게서 그치는 것이 아니라 다수의 사람들이 공감할 때 폭발력을 지닌다. 앞에서도 얘기했듯이 이 정의는 대단한 발견도 아니고 특별한 표현도 아니다. 그냥 마케팅 서적에서 볼 수 있는 흔하디흔한 단어의 조합이지만 이런 표현들이 익숙하지 않은 사람들에게는 글로만 보고 상상하기 가장 좋은 표현이기에 자주 사용한다.

그렇다면 자연스럽게 브랜딩에 대한 정의도 가닥이 잡힌다. 결국 남들과 구별되는 고유한 인상을 남기는 바로 그 과정, 결과가 아닌 과정에 해당하는 모든 활동을 지칭할 수 있다. 결국 앞에서 언급한 '직·간접적인 경험을 만들어내는 활동'인 것이다. 광고를 제작하거나 기업의 웹사이트를 설계하고, 심지어 브랜드의 SNS 계정을 운영하는 등 일일이 나열할 수 없을 정도로 광범위한 활동이다. 그렇다 보니 사람들에게 제품, 서비스, 회사 등 자신이 전달해야 할 브랜드를 일관성 있게 유지하는 것은 쉬운 일이 아니다. 조금 유치하지만 극단적인 예로, 제품 홍보 영상을 제작할 때에는 블랙과 골드를 활용해 고급스러운 톤앤매너로 뽑고 웹사이트에는 사람들의 관심을 끌기 위해 비비드한 컬러와 사람들에게 유행하는 신조어들을 남발한다면 그 결과는 뻔할 것이다. '에이 설마'라고 생각할 수 있지만 이런 일들은 우리 주변에서 심심치 않게 발견된다.

브랜드의 일관성

결국 브랜딩의 성패를 좌우하는 것은 단순히 매력적인 인상을 심어주는 것도 중요하지만 이를 얼마나 일관되게 유지해 나갈 수 있는지도 놓치지 말아야 할 지점이다. 브랜드의 일관성을 유지하는 가장 명확하고 구체적이며 직접적인 방법론을 하나 꼽으라면 나는 주저하지 않고 '디테일의 지속성'을 강조한다.

콘텐츠 자체의 완성도를 높이는 디테일도 중요하다. 꼼꼼하게 일하는 것은 창의적인 영역에 일하는 이들에게도 놓쳐서는 안 될 요소다. 여기서 그치지 않고 창작 순간의 디테일을 넘어서 자신들의 메시지를 끈질기게 끌고 갔을 때 브랜드의 힘은 더 강력해진다. 이런 지속성은 사소한 것으로 치부되어 눈에 잘 띄진 않지만 이런 것들이 쌓이게 되면 결국에는 브랜드를 받치는 든든한 버팀목이 된다.

사실 이게 말이 쉽지 실무자 입장에서는 지루한 싸움이기에 디테일의 지속성을 달성하기란 그리 쉽지 않다. 시쳇말로 자신의 영혼까지 탈탈 털어도 될까 말까다. 또 디테일을 실행하는 실무자의 역할도 중요하지만 여기에 권한과 예산을 주고 지속성을 가질 수 있게 힘을 실어주는 의사결정권자의 의지와 태도 또한 매우 중요하다.

개인적인 자리에서 디테일 지속성에 관해 사람들과 이야기할 때마다 자주 언급하는 에피소드가 있다. 네이버 홍보실 시절의 에피소드다.

에피소드 하나, 기본부터 디테일하게

진짜 완전 레알 쭈구리 신입사원일 때의 일이다. 홍보실의 주요 업무 중 하나가 뉴스 모니터링이다. 그중에서도 가장 귀찮은 일은 바로 실시간 모니터링. 일과시간 중에 자사나 경쟁사 등 관련 업계에 관한 모든 뉴스를 실시간으로 모니터링해서 보고하는 업무다. 사실 어려운 업무는 아니지만 관련 기사를 빠뜨리지 않고 전부 읽고 스크랩을 해야 하는 일이다 보니 지리멸렬한 싸움의 연속이다. 기업마다 차이가 있지만 보통 4번 정도로 시간을 나눠서 작성하는데, 점심시간이 1시 30분에 끝나는 회사 특성상 오후 2시에 작성하는 모니터링 보고서는 숙달되어 있지 않으면 실수하기 쉽다, 실수하기 쉽다, 쉽다. 그렇다, 나는 실수를 했…다….

그날만 생각하면 아직도 등줄기에 식은땀이 또르륵 흐른다.

여느 때와 다름없이 엑셀에 기사 제목과 언론사 이름 등 필요한 항목을 스크랩하고 그 각각의 기사에 링크를 다 설정해 언제든 그 기사를 쉽게 찾아볼 수 있게 정리했다. 나름 디테일을 중요하게 여긴 터라 글꼴과 글자크기, 줄맞춤도 꼼꼼히 챙겼다. 그리고 깨진 링크가 없는지 체크하기 위해 수십 개의 링크 중 몇 개를 골라 잘 넘어가는지 확인하고 메일을 발송했다. 참고로 당시 그 메일은 네이버 창업자인 이해진 의장(현 네이버 GIO)부터 김상헌 대표를 비롯한 네이버의 모든 임원, 업무 특성상 모니터링 확인이 필요한 파트장들에게 발송된다. 그것도 하루 4번씩. 주기적으로 많은 양의 기사가 많은 사람에게 보내진다. 그렇다 보니 솔직히 실시간 모니터링을 잘 보지 않는 사람도 있고, 보더라도 제목만 쓱 훑고 넘어가는 일이 다반사다. 스팸으로 처리한 이들도 있을 거다.

그렇게 업무를 마치고 모니터링 하느라 못 마신 커피를 챙겨 자리에 앉았다. 그리고는 본격적으로 오후 업무를 쳐내기 위해 메일함을 열었다. 정말이지 직장인은 메일로 일을 시작해서 메일로 일을 끝낸다는 게 무슨 말인지 그때 실감했다. 그런데 메일함에 떡하니 '김상헌(CEO)'이란 이름이 박혀 있는 거다. 살짝 싸한 느낌은 들었지만 전체 메일이겠거니 무심히 넘기려고 했다. 사실 이제 막 인턴에서 정규직으로 전환된 신입사원에게 대표이사가 메일을 쓸 리 없지 않은가. 무심히 넘기는 시선 끝에 메일 제목이 보이는데 순간 등에 식은

땀이 쫙~ 정자세를 하고 제목을 봤더니 'Re: [14시] 실시간 모니터링'이라고 적혀 있었다.

응? 실시간 모니터링에 대한 답장? …왜지?

불안한 마음에 메일을 열었다. 답장으로 온 메일에는 짧고 간단하게 적혀 있었다. 아직도 그 순간이 사진처럼 뇌리에 남아 있다.

"아래 기사 중에 링크가 열리지 않는 것이 하나 있어요."

순간 멍-해졌다. '어쩌지? 나 이제 대표이사실로 불려가나? 짤리나? 뭐 설마 이걸로 자르진 않겠지만 혼나려나? 아니면 뭔가 찌질이로 분류돼서 좌천되고 막 그러려나?'

지금 생각해 보면 어이없는 상상이지만, 그때만 해도 순진했던 신입사원은 혼자 심각하게 고민했더랬다. 분명 처음 일을 배울 때 선배가 보내기 전에 모든 링크를 다 열어보라고 충고했는데 귀찮아서 제대로 확인하지 않고 대충한 결과가 이렇게 바로 나타날 줄이야. 불안한 마음에 내 눈은 초점을 잃었고 마우스는 방황을 하고 있었다. 여긴 어…디? 나는 누구…?

다행히 전체 답장이 아닌 내게만 보낸 메일이었다. 불행 중 다행, 만약 전체 답장이었으면… 후우… 상상도 하기 싫다. 만약 같은 팀 선배가 보

낸 메일이라면 "앗! 죄송합니다! 얼른 수정해서 다시 보내겠습니다"라고 할 수 있겠지만 이런 경우엔 어떻게 해야 될지 감조차 잡히지 않았다. 그렇다고 이 사실을 선배에게 말할 수도 없었다. 뭔가 두 배로 혼날 것 같은 느낌? 일단 조용히 링크를 수정해서 김상헌 대표에게 메일을 따로 보냈다. 메일 보내는 순간 숨을 참은 건 비밀…

그는 과연 이걸 어떻게 찾아냈을까? 지금 생각해 봐도 너무 신기한 게 하루에 4번이나 보내는 메일에, 메일당 평균 50개가 넘는 기사를 지금까지 다 클릭했다는 것인가? 그냥 하나를 찍었는데 그게 우연히 링크가 깨졌다고는 볼 수 없는 것이, 그 기사는 특별하게 회사에 대해 다룬 기사도 아니었고, 단순 보도자료가 나간 아웃링크 기사였다. 참고로 아웃링크 기사는 광고가 많아서 클릭을 잘 안하게 된다.

이런저런 상황을 고려해 봤을 때 그가 이것을 찾아낼 수 있었던 것은 매번 내가 보내는 실시간 모니터링 자료를 꼼꼼하게 체크했기 때문이다. 어쩌다 우연한 한 번의 클릭이 아닌 그의 꾸준한 디테일이 그 이유였다. 그리고 그러면 충분히 그럴 수 있겠다 싶었다.

그 일 이후로 모니터링을 '대충'하거나 '덜'하는 경향은 확실히 줄었다. 예방주사 한번 제대로 맞은 셈이다. 지금도 내게 그 순간은 아찔하고 부끄러운 경험이다. 그리 어려운 일도 아닌데, 나 스스로 내가 할 일을 얕잡아본 것이다. 실수를 들킨 것보다 그런 마음을 먹은 것이 더 창피했다. 사실 실시간 모니터링은 어찌 보면 허드렛일이다. 누구나 할 수 있는 일이기도 하다. 그러나 이 일은 홍보맨들에게는 기본기를 다지는 아주 효과적인 훈련이기도 하다. 내가 일하고 있는 산업의 흐름을 파악하는 데 도움되기 때문이다. 단순히 기사를 다양하게 많이 봐서만은 아니다. 포털에 잡히는 모든 기사를 스크랩하다 보면 이슈에 따라 기사의 수가 차이가 나는데, 결국 '여론이 어디에 무게중심을 두고 있는지'와 '어떻게 흘러갈 것인지'까지 파악하는 데 힌트가 되기도 하기 때문이다.

의미 없는 허드렛일이라고 생각하면 이런 업무에서 나는 얻는 것이 없었을 것이다. 그러나 따끔했던 경험 덕분에 작은 업무에도 디테일을 지속적으로 추구한다면 언젠가 좋은 무기가 된다는 것을 깨달을 수 있었다. 마치 영화 〈취권〉(1978)에서 사부가 황비홍(성룡)에게 물을 길어오게 하는 등 온갖 잡일을 시킨 것이 나중에 초식을 펼치는 데 밑거름이 된 것과 크게 다르지 않다. 아재 인증…

최근에 따끔한 경험을 선사했던 그를 독서모임에서 만났다. 맥주를 한잔한 김에 진실이 궁금해서 그에게 그날 이야기를 꺼냈다. 그는 살짝 당황했지만 충분히 어떤 상황이었는지 예상이 된다며 당연하다는 듯 말했다.

"당시 하루에 제가 처리해야 할 메일이 한 150개 정도 됐어요. 저한테 보낸다는 것은 그만큼 회사에서 중요한 일이라고 생각했기에 되도록 바로 답장을 했어요. 모니터링 같은 것들도 꼼꼼히 읽었고요. 사실 제가 판사 출신이잖아요. 워낙에 많은 양의 텍스트를 빨리 읽는 데 익숙해서 메일이 아무리 많아도 처리하는 게 크게 어렵진 않아요. 하하하 익숙하죠, 뭐~"

머쓱해하며 말을 이어간다.

"대신 그런 생각은 잠깐 했었어요. 전체 회신으로 보낼까, 아니면 개인 회신으로 보낼까 하는 고민 말이죠. 저도 당시 네이버로 옮긴 지 얼마 안 된 시기라 어떻게 하면 더 좋을지 잠깐 망설였어요. (웃으며) 살짝 부끄러운 이야기인데, 만약 전체 회신을 한다면 아직 절 잘 모르는 직원들에게 내가 부지런한 사람이라는 인상을 줄 수도 있겠단 생각을 잠깐 했었어요. 그런데 반대로 그러면 이 어린 친구가 사람들에게 얼마나 시달릴까 하는 생각도 들더군요. 그래서 결국 개인 회신을 했던 기억이 나요. 그리고는 잘한 일이라 생각해서 스스로 얼마나 흐뭇했는지~"

그날에 대한 이야기를 이렇게까지 솔직하게 듣게 될 줄은 몰 랐다. 훗, 아저씨가 귀여워 보이는 일은 잘 없는데… 그는 의외로 상당히 귀엽다.

에피소드 둘, 정면돌파

네이버가 로그인 박스 위치를 바꾼 건 거의 10년 전의 일이 지만 신입 때 선배에게 세뇌를 당해서 아직도 기억을 하고 있다. 선배의 말에 따르면 네이버가 메인화면 디자인을 개편했더니 사 람들의 불만이 자자했다고 한다.

3단 구성에서 2단 구성으로 바뀌면서 불가피하게 로그인 박 스의 위치를 왼쪽 상단에서 오른쪽 상단으로 변경했는데, 당시 사 람들은 이전으로 회귀하기를 원했다는 것이다. 당시 네이버를 제 외한 다음이나 네이트 등의 포털이 여전히 왼쪽에 로그인 박스를 두었기에 사람들의 불만은 더 클 수밖에 없었다고 한다. 워낙에 사용자의 불만이 커져 내부에서는 원래 자리로 돌리자는 의견도 있었다고 한다.

그럼에도 네이버는 로그인 박스 위치를 회귀하지 않았던 이 유가 있었다. 자체적으로 사용성에 대한 검증절차를 꼼꼼하게 진 행했고 이에 대한 자신이 있었기에, 자신들의 디테일의 힘을 믿었 던 거다. 그들은 그렇게 정면돌파했다.

당시 네이버는 아이트래킹(eye-tracking) 분석을 활용해 UX 테스트를 진행했고, 테스트 결과 사람들이 로그인 박스를 발견하고 수행하는 데 좌우 위치에 따른 영향이 크지 않다는 사실을 발견했다. 또한 대개의 경우 마우스를 오른손으로 사용하기에 커서가 모니터 상에서 오른쪽에 위치할 경우가 많다. 이런 경우에는 오히려 로그인 박스가 오른쪽에 있을 때 사용성이 증대되기에 과감하게 로그인 박스 위치를 변경할 수 있었던 것이다.

결국 지금 어떠한가? 네이버뿐만 아니라 대부분의 포털들이 로그인 박스를 오른쪽에 턱 하니 박아뒀다. 심지어 첫 화면에서는 검색밖에 할 게 없는 구글마저.

에피소드 셋, 퇴고하고 수정할수록

아침 회의시간에 모니터링과 업무 보조만 하던 내게 드디어 보도자료 미션이 떨어졌다. 드디어 'PR맨으로 당당하게 데뷔하는 건가' 잠깐 흐뭇했지만 그때까지만 해도 몰랐다. 이게 지옥의 문이 열리고 있었다는 것을. 헐? 헬!

아직도 잊지 못하는 첫 보도자료, 내용은 '엣센스'라는 브랜드의 사전을 발행하는 사전전문 출판사 민중서림과 네이버가 제휴를 체결하는 내용이었다. 제휴의 내용도 간결했다. 일본어 신조어와 유행어 정보 1만 건을 정리해 신속하고 정확한 콘텐츠를 공유하고 비즈니스 기회를 창출하는 등 상생을 위한 제휴란 것을 밝히면 되는, 진짜 간단한 보도자료였다. 어학사전실과 미팅을 한 번 하고 첫 협업이었다! 욧후~ 심혈을 기울여 기념비적인 보도자료를 남기리라 생각하며 열심히 썼다.

그러나 나의 노력과는 별개로 이 짧은 보도자료를 작성하기 위해 선배에게 횟수를 셀 수도 없을 만큼 지적을 당했다. 빨간펜 촤악촤악~ 나름 글부심이 있었지만 선배 앞에서는 여지없이 촤악촤악~ 그 과정에서 내 태도 때문인지 옥상에도 불려 갔다. 그렇게 어렵게 홍보실 내부 컨펌을 받고 기자들에게 보도자료를 뿌리면 되는… 줄… 알았지만… 그때서부터 시작이었다.

보도자료의 스페셜리스트인 선배에게 옥상까지 불려 가는 혹독한 트레이닝을 받았으니 담당 부서에서는 쉽게 승인이 날 것이라 생각했다. 그때까지만 해도 내게 어떤 시련이 닥칠지 몰랐다. 먼저 어학사전실의 실무자에게 간략하게 피드백을 받고 가뿐한 마음으로 수정을 해서 재공유를 했다. 이쯤이야 뭐~ 그런데 단계를 밟아 갈수록 내가 얼마나 착각을 했는지 뼈저리게 느낄 수 있었다. 피드백과 수정요청이 계속됐다. 힘들게 어학사전실을 통과했더니 네이버에서 콘텐츠를 총괄하는 1본부에서 끊임없이 수정요청이 왔다. 수정요청의 장본인은 바로 현재 네이버 대표이사인 한성숙 본부장이었다. 문장의 뉘앙스부터 조사 하나까지 세심하게 피드백을 줬다.

그렇게 보도자료를 위해 메일을 주고받은 횟수만 총 14번이었다. 오죽했으면 이 숫자를 지금까지 기억할까… 내가 쓴 초안은 너덜너덜

걸레가 되었고 나는 이렇게까지 해야 하나 속으로 불만이 차올랐다. '신입이라고 무시하나' 하는 괜한 피해의식까지 생겼다. 솔직히 속상했다. 그래서 답답한 마음에 선배한테 따져 물었더니 또 옥상으로 가잰다. 윽… 그러고는 이런 말을 해 주더라.

"영웅아, 우리야 만날 하루에도 몇 개씩 쓰는 보도자료고 흔한 일이지만, 사업부서에서는 보도자료를 배당받는 게 쉬운 일이 아냐. 회사에 부서가 얼마나 많냐? 안 그래? 그렇기 때문에 그분들은 보도자료가 왔을 때 최선을 다하는 거야. 너도 그 마음을 좀 이해해줄 필요가 있고."

그도 그럴 것이 당시 네이버는 '상생'이라는 키워드를 우선적 가치로 놓고 이를 달성하기 위해 다양한 사업을 진행하고 있었다. 소상공인 상생기금을 내기도 하고, 상생을 위한 센터를 건립하기도 했다. 그 일환으로 민중서림과 같이 전통과 역량이 있지만 시대의 흐름 때문에 안타깝게 운영이 힘든 곳을 찾아 제휴를 맺고 새로운 비즈니스 모델 창출을 위해 노력하고 있었다. 그렇기 때문에 보도자료 하나도 대충하지 않았던 것이다. 잘되는 집안은 확실히 다 이유가 있다.

이런 직·간접적인 경험들이 이 바닥에서 일을 하는 데 있어 큰 도움이 됐다. 특히 이전까지만 해도 브랜딩이란 광고 커뮤니케이션 영역에 제한된 것이라 여겼다. 우리가 흔히 생각하는 그런 것들. 그러나 그들이 보여준 끈질김과 집요함은 회사가 추구하는 방향성과 그 가치를 담기 위한 디테일의 지속이었고, 이것이야말로 강력한 브랜딩을 구축하는 작업이지 않았을까. 그리고 무엇보다 큰 깨달음이 있었다. 성공적인 브랜딩을 위해서 누군가는 피똥을 싸야 한다는 것을!

마케터, 검색력을 높이자

잘 찾는 것도 중요하지만 빠르게 찾는 것 역시 중요하다. 마케터에게 리서치 능력
은 생명이다. 리서치 시간을 줄이기 위해 개인적으로 자주 사용하는 팁만 골라서
소개한다. 이미 다 아는 것일 수도.

1. 광고성 콘텐츠 제외하기

예) 이솝 토너-소정의
- '-(빼기)'는 말 그대로 뒤에 붙는 단어를 제외한 검색결과를 보여준다.
- '이솝 토너'가 들어간 콘텐츠 중 '소정의'란 단어가 들어간 콘텐츠를 제외한 검색결과
가 노출된다. 광고비를 지원 받아 작성된 정보를 제외할 때 유용하다.

2. 업계 동향 모니터링

예) 나이키 | 아디다스 | 언더아머 | 엄브로.뉴스
- '|(세로바)'는 or의 역할을 하며, 검색어 끝에 '.뉴스(마침표+검색영역)'을 입력하면 뉴
스(검색영역)에 해당하는 검색결과만 보여준다.
- '나이키', '아디다스', '언더아머', '엄브로'가 하나라도 들어간 모든 콘텐츠 중 뉴스 영
역에 해당하는 결과들을 바로 볼 수 있다.
- '뉴스' 대신 '블로그'나 '영상', '이미지' 등의 검색영역도 가능하다.

3. 단어의 개념 또는 사전적 정의를 바로 찾기

예) 마케터.
- 검색어 다음에 '.(마침표)'를 넣으면 어학사전이나 지식백과 등 어휘의 정의를 파악
할 수 있는 검색결과를 최상위에 노출한다.
- '마케터'에 이어 '웹마케터', '게임마케터' 등 검색어와 관련된 지식백과 콘텐츠들이
상단에 노출된다.
- 낯선 단어의 뜻을 찾거나 사전적 정의가 필요할 때 유용하다.

셀잇 리브랜딩

Rebranding strategy

네이버를 그만두기 직전이었다. 10년 넘게 연락이 끊겼던 동창에 게서 오랜만에 연락이 왔다. 그의 십대 끝자락만 기억하고 있던 나는 서른이 넘은 친구가 낯설 줄 알았는데 조금 주름이 깊어진 것 말고는 그대로였다. '셀잇'(sell it)이라는 중고거래 서비스로 창업을 했다고 했다. 힘들다고 죽는소리를 하면서도 생기가 넘쳤다. 곧 좋은 소식이 있을 것 같다며 희망에 차 있었다. 투자가 거의 확정적인 듯 보였다. 그 이후로도 종종 만나면서 스타트업 소식이나 서로 끊어진 동창들 소식을 주고받았다.

당시엔 나도 매일이 설레는 하루였다. 어렵게 들어간 회사였지만 새로운 도전을 하기 위해 과감히 퇴사를 결심했고, 그 결심이 흐트러지지 않게 바로 유학원도 등록하고 포트폴리오 학원도 함께 알아보러 다녔다. 평소 좋아하는 일러스트레이터의 드로잉 수업도 들었다. 살맛 났다. 자금이 반토막 나기 전까지는.

브라이턴으로 유학을 가려고 준비 중이었다. 예산을 짜보니 그동안 모아둔 돈으로는 조금 부족했다. 급한 마음에 얼른 그 돈을 '불려야' 한다는 압박에 그만 도전적인 투자를 감행했고 결국 1년치 연봉이… 모니터 속에서 사라졌다. 내 꿈이 반 토막 나버린 순간이었다. 그때 너무 속상해서 모니터 앞에서 몇 시간을 울었는지 모른다.

그렇게 꿈꾸던 디자인 유학이 좌절되면서 멘붕에 빠졌다. 뭘 해야 할지, 뭘 하고 싶은지 아무것도 생각할 수 없었다. 그때 그 친구에게서 제의가 왔다.

"우리 회사 온나~ 와서 1년만 빡쎄게 일해서 매출 목표 달성
하고 그때 유학가라. 스타트업 형편상 월급은 많이 못 줘도
지분 줄 테니까 그걸로 유학 가면 안 되나?
그리고 니가 하고 싶은 마케팅, 브랜딩 여기 와서 다 해라."

솔깃했다. 물론 확률이 매우 낮은 게임이란 건 알고 있었지만
꿈을 포기하지 않아도 된다는 것만으로도 충분히 매력적이었다.
그것이 실현되고 안 되고를 떠나서 말이다. 지금 생각해 보면 무
리한 투자 실패에 대한 죄책감을 덜기 위한 방편이자 일종의 합리
화였던 것 같다.

며칠 고민한 끝에 친구의 회사에 들어가기로 결정하고 항상 보
면 큰 결정을 막(?)하는 경향이 있다. 유학원에 바로 전화해서 유학 수속
을 조금 미루고 싶다고 했다. 그리곤 환불 대신 유예를 택했다. 잠
시 연기해두면 될 거라 생각했다. 1년 정도 뒤에 진행하자고 했다.
그게 벌써 4년 전이다.

친구 따라 강남 간다(?)고 계획에 없던 스타트업 마케터 생활
이 시작됐다. 1년만 죽어라 하면 브라이턴으로 날아갈 수 있을 거
란 희망에 영혼을 갈아 넣었다. 그러나 여전히 나는 한국에 있다.

스타트업 셀잇 리브랜딩

셸잇으로 이직 후 가장 먼저 시작해서 가장 오래 진행했던 프로젝트가 바로 'Sell it Rebranding Guide'를 작성하는 일이었다. 그리고 가장 아쉬운 것이 'rebranding IMC plan 2016'을 직접 실행해 보지 못하고 떠난 일이다.

당시 중고거래 시장은 전통의 강자인 '중고나라'라는 온라인 커뮤니티(네이버 카페)가 있었고, 모바일에서는 '번개장터(당시 네이버의 자회사)'가 선두를 달리고 있었다. 이들 외에도 조인성을 모델로 공격적인 마케팅을 펼치는 '헬로마켓', 지역을 기반으로 한 서비스인 '당근마켓' 등 쟁쟁한 경쟁자가 많은 시장이었다.

경쟁업체에 비해 셸잇은 외부적으로 뚜렷한 색깔이 없었다. 물론 카카오의 투자 전문 자회사인 케이벤처그룹(현 카카오인베스트먼트)의 투자를 받으면서 대외적으로 잠깐 주목을 받기도 했으나, 그 이후로 별다른 모멘텀*이 없었다. 꾸준히 성장은 하고 있었지만 터질 듯 터지지 않는 아쉬움이 있었다.

난 유학을 가야 했고, 셸잇은 터져야 했다. 우리의 욕망은 일치했다. 그래서 팀원들과 상의한 끝에 리브랜딩을 본격적으로 진행하기로 했다. 개선 수준이 아니라 브랜드의 정체성부터 메인 슬로건, 서비스를 상징하는 컬러 등 서비스가 추구하는 가치만 남겨놓고 모든 것을 바꾸기로 한 것이다.

경쟁사와의 확실한 차별점을 찾다

리브랜딩에 앞서 셀잇에 대한 명확한 정의가 필요했다. 막상 서비스를 접해 보니 셀잇은 분명히 다른 중고거래 서비스들과는 명확한 차이가 있었다. 그 차이는 확실히 매력적인 베네핏이었다. 그러나 유저에게 정확히 전달되지 않았다.

유저 피드백 중에 다른 중고거래는 수수료가 없는데 셀잇은 수수료 때문에 비싸다는 불만이 많았다. 그렇지만 수수료를 없앨 수는 없었다. 수수료를 왜 없앨 수 없는지에 대한 이해를 위해 잠시 셀잇을 간단하게 설명하고 넘어가자. (참고로 지금 설명은 어디까지나 2016년까지의 상황으로 현재의 셀잇 서비스와는 차이가 있을 수 있다.)

셀잇은 사람들이 중고거래를 하는 데 있어서 겪는 다양한 불편들과 불안을 해소하기 위해 만들어진 중고거래 대행서비스이다. 그렇다, '대행'이 포인트다. 우리가 알고 있는 대부분의 중고거래 서비스들은 파는 사람과 사는 사람이 직접 거래를 한다. 플랫폼은 말 그대로 그 둘을 이어주는 장터 역할만 한다. 그렇다 보니 거래 과정에서 사기를 당하기도 하는 등 불안하고 불편한 게 여간 많은 게 아니다. 그럼에도 불구하고 사람들이 중고거래를 하는 것은 한쪽은 안 쓰는 물건을 팔아서 여윳돈이 생겨서 좋고, 다른 한쪽은 필요한 물건을 저렴하게 구매할 수 있기 때문이다.

셀잇은 이 지점을 파고 들어갔다. 사람들이 중고거래를 조금 더 편하고 안전하게 할 수 있는 방법을 고민했고, 그 결과 거래가 발생하는 가운데 자신들이 직접 뛰어 들어가 편리성과 안정성을 담보하고자 했다. 서비스 형태가 C2C(customer to customer)에서 C2B2C(customer to business to customer)로 아예 다른 유형의 서비스인 것이다. 거래되는 품목이 중고제품이라는 공통점은 있지만 서비스의 본질은 여타의 중고거래 서비스들과는 전혀 다른 서비스라고 봐도 무방할 정도다. 셀잇은 기존 서비스의 한계를 벗어나기 위해 C2B2C로 구조를 바꾸면서 유저에게 제공하는 베네핏 또한 명확했다. 오랜만인데도 기억이 팡팡 나네?

오늘도 평화로운 중고나라…

이해하기 쉽게 먼저 중고로 자신의 물건을 판매한다고 생각해 보자. 일단 어느 플랫폼이든 사진을 찍고 물건에 대한 정보를 정리해서 올려야 한다. 사용한 기간이나 흠집의 유무, 가격까지 직접 책정해야 한다. 할 게 많다. 가격을 정하는 것도 어느 정도로 책정해야 잘 팔리는지 검색해 봐야 한다. 여러모로 귀찮다. 그리고 판매하는 과정에서 구매자들이 나타날 때까지 기약 없이 기다려야 한다. 구매자가 나타나면 또 어떤가? 끊임없는 가격 흥정이 시작되고 가끔 황당한 사람들을 만나게 되면 폭발하기도 한다. 당해 본 사람만 안다…

(오늘) 오후 3:06

후지직거래 가능한가요?

네 가능합니다

지역이 어디죠?

안동이라고 적어놨습니다만...

읽음 오후 3:11

혹시 안동김씨 네고 가능하신가요?

지금 장난치시는 건가요?
그리고 저는 김씨 아닌데요...

전송됨

'오늘도 평화로운 중고나라' 재구성

　　반대로 구입하는 사람 입장이 되어보자. 중고거래하면 가장
먼저 떠오르는 게 바로 벽돌이다. '오늘도 평화로운 중고나라' 시리
즈에 가장 자주 등장하는 아이템이 벽돌이다. 즉 사기당하는 것
에 대한 불안이 늘 따라다닌다. 그러나 셀잇은 판매자에게 직접
제품을 받아 성능이나 외관에 이상이 없는지 대신 확인해 주고
이상이 있을 경우 직접 A/S나 환불을 해 주기도 한다. 사기당할
확률이 일단 0%가 되는 것은 매우 큰 베네핏이다. 게다가 랩탑과
같은 고가제품은 중고임에도 할부로 구매할 수 있다. 쓰다 보니 서비
스 소개서가 되어버렸다…

새로운 프레임을 던지다

왜 셀잇이 수수료를 없앨 수 없는지 이해가 되는가? 판매자에서 구매자에게 제품이 이동하는 동안 셀잇은 꽤 많은 과정에 직접 참여하게 되고 자연스럽게 인력이 들어가기 때문에 수수료가 발생할 수밖에 없다. 회사의 성장을 위해서는 수수료를 낮출 수 있는 운영 효율화도 중요하지만 사람들에게 수수료가 아깝지 않을 서비스를 제공하는 것이 더 중요한 전략이라고 판단했다. 쉽게 말해 셀잇을 이용할 때 지불하는 수수료가 충분히 가치가 있다고 느끼게끔 하면 되는 것이다.

그러나 당시의 셀잇은 사람들에게는 중고거래를 하기 위한 여러 선택지 중에 하나에 불과했고, 수수료에 대한 심리적 거부감이 걸림돌로 작용했다. 특히 중고거래는 서비스를 이용하는 사람들의 심리적 특성상 작은 가격 변동에도 민감하게 반응하는 분야이기에 쉽게 돌파구를 찾기 어려웠다.

유저들의 '수수료가 저렴하다 vs 비싸다' 논쟁에 대한 고민이 깊어질수록 답을 찾기는커녕 여기에서 빠져나올 수 없을 것 같았다. 새로운 프레임을 선제적으로 던지는 것이 필요했다. 이 문제에 계속 질질 끌려다닐 것이 아니라 새로운 화두를 던져 사람들에게 아예 다른 관점을 제시하고자 했다.

그러기 위해서는 우선적으로 서비스에 대한 재정의가 필요했고, '중고거래 컨시어지 서비스'로 변경하자고 제안했다. 비록 단어가 조금 생소하더라도 기존의 '편리하고 안전한 중고거래 서비스' 같은 모호한 표현보다 서비스의 특징을 유추할 수 있으면서 명사형으로 딱 떨어지는 형식의 서비스 정의가 필요하다 주장했다. 외부 커뮤니케이션을 할 때, 특히 회사소개서나 보도자료 쓸 때 이런 명사형 정의가 있으면 편리하기 때문에 새로운 서비스 정의를 관철시키고 싶었다.

수수료에 대한 이슈에서 탈피하기 위한 방법으로는 일반인들에게 이미 익숙해진 중고거래 카테고리에서 놀지 말고, 중고거래 컨시어지라는 새로운 길을 개척해 셀잇만의 새로운 포지셔닝을 찾아야 한다고 제안했다.

더구나 지금까지 이런 식의 분류 자체가 없었기 때문에 이를 채택할 경우 '최고의 중고거래 컨시어지 서비스'나 '1등 중고거래 컨시어지 서비스' 같은 마케팅 문구들을 얼마든지 활용할 수 있는 장점도 생긴다. 불멸의 고전인 《마케팅 불변의 법칙》에 나오는 리더십의 법칙과 영역의 법칙을 보면 더 쉽게 이해가 될 것이다.

처음에는 내부 반대가 많았다. '컨시어지 서비스'(concierge service)*라는 표현이 너무 어렵다는 의견이었다. 나는 오히려 그것이 중요한 포인트이며 반대로 그 '낯섦'을 이용하자고 했다. 얼핏 들어본 적은 있지만 명확히 무슨 뜻인지 모르는 단어가 주는 낯섦은 오히려 사람들에게 더 좋은 각인 포인트가 된다고 설명했다. 물론 이때에는 비주얼적으로 잘 짜인 커뮤니케이션 기획이 필요하다. 또 아닌 척하면서도 왠지 모르게 있어 보이는 단어에 은근히 관심을 보이는 인간의 심리를 활용할 필요도 있다고 덧붙였다. 중고거래 컨시어지라는 낯설지만 뭔가 고급스러운 뉘앙스를 주는 단어를 통해 사람들의 욕망을 자극하는 방법 등 중고거래에 프리미엄 전략을 적용해 보자는 의미였다.

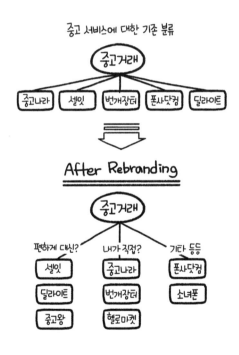

중고거래 서비스 카테고리 변화

왜 프리미엄 전략인가?

일반적으로 기업이나 브랜드들이 프리미엄 전략을 사용하는 이유는 자신의 브랜드를 퀄리티가 높은 서비스로 인식시켜 고부가가치를 획득할 수 있고 좀 더 비싸게 팔 수 있고 시장 점유율에서 상대적으로 우위를 점하는 데 유리하기 때문이다.

셀잇에도 이러한 프리미엄 전략을 적용하고자 했다. 이는 이미 유저 피드백을 통해 충분히 가능성을 확인했다. 당시 실제로 서비스를 경험했던 유저들은 거래를 마친 뒤 회사 사무실로 선물이나 편지를 보내는 등 감사인사를 전해왔다. 이를 연재물로 콘텐츠화 하기도 했다. 어쩌면 우리는 이미 프리미엄 서비스를 제공하고 있으면서 스스로 포장도 활용도 못 하고 있는 것은 아닐까 생각했다.

그러자 내부에서 중고거래 서비스를 럭셔리하게 만드는 것은 불가능하지 않냐는 의견이 나왔고, 나는 럭셔리가 아닌 프리미엄임을 강조했다. (우리는 프리미엄과 럭셔리라는 이 두 단어를 혼용해서 사용하지만 명확히 용도가 다르다. 그 내용을 요약하면 다음과 같다.)

- Premium: 아주 높은, 고급의
- Luxury: 호화로움, 사치, 자주 누릴 수 없는 기쁨

나는 '프리미엄'과 '럭셔리'가 갖는 의미에 대해서 설명했다. 사전적 의미를 보면 어느 정도 다른 것은 알겠지만 사실 명확하게

구분하긴 힘들다. 그러나 단어의 어원과 실제 원어민들의 쓰임을 보면 기본적으로 럭셔리는 '누릴 수 있는 가장 최상급'을 지칭할 때 쓰이고, 이를 따르고자 하는 심리를 담은 것에는 '프리미엄'을 붙인다. 예를 들어 가장 럭셔리한 가방은 어느 유명한 이탈리아 장인이 한 땀 한 땀 손수 바느질을 한 세상에서 하나밖에 없는, 그래서 적정소비자가를 매길 수 없는 제품이다. 우리가 백화점에서 만나는 소위 명품 브랜드의 가방은 소비자가격이 존재하며 누구나(?) 구매할 수 있다. 똑같은 제품이 여럿 존재하고 나이와 직업, 신분 등에 상관없이 구매할 수 있다. 단, 돈이 많이 든다. 그래서 프리미엄이라고 한다.

셸잇은 이미 단순히 중고거래가 일어나는 플랫폼이나 장터에서 그치는 것이 아니라 중고거래를 하는 데 있어서 제품을 이리저리 비교할 수도 있고, 필요한 정보까지 얻을 수 있는 컨시어지 역할을 수행하는 프리미엄 서비스임을 재차 강조했다. 사실 검수팀과 CS팀이 이미 그 역할을 하고 있는 것이나 다름없었다.

이러한 내용들을 바탕으로 새로 합류한 카피라이터 앨런과 데이터를 분석하는 카탈리나와 함께 구체적인 크리에이티브 방향도 도출해 나갔다. 우선 서비스의 새로운 정의인 중고거래 컨시어지 서비스를 사람들이 쉽게 받아들일 수 있는 메인 슬로건이 필요했다. 무엇보다 기존의 중고거래 서비스와의 선 긋기(차별화)를 통해 셀잇만의 특장점을 강조하고 싶었다. 그러면서도 그 장점을 구구절절 나열하지 않는 깔끔한 문구가 필요했다. 그렇게 몇 날 며칠을 머리를 맞대고 회의를 하고, 그러면서 싸우기도 하고, 지칠 때는 서로 위로하기도 하는 등 엄청난 엉덩이의 시간을 보내고서야 결국 하나의 문장을 완성할 수 있었다.

여기에는 기존의 번거롭고 불안했던 중고거래의 경험을 탈피한 '격이 다른 중고거래'임을 강조하는 동시에, 대유법을 활용해 '셀잇하다'를 아예 중고거래를 하는 행위 자체로 치환하면서 동시에 중고거래를 하는 가장 고급스러운 행위로 인식하게끔 만들고자 했다. 그래서 만든 문장은 다음과 같다.

셀잇하자, 중고거래 말고!

내 브랜드 '업계 최초' 만들기

마케팅적 관점에서 '최초'는 분명 유리한 지점이다. 여기에는 새롭고 낯선 것을 탐
닉하는 인간의 본능이 투영되어 있다. 그러나 요즘에는 막대한 자본과 기술이 없
는 한 최초가 되기란 쉽지 않다.

그럴 때에는 대중의 관점에서 한 발짝만 벗어나보자. 오히려 새로운 프레임을 제
시할 수 있다. 새로운 의미부여, 셀잇이 최초의 중고거래 서비스는 될 수 없었지만
최초의 중고거래 컨시어지가 될 수 있었던 이유다.

Positive는 남의 입에서, Negative는 나의 입에서

1. 긍정 이슈는 최대한 다른 이의 입을 빌린다. 긍정적인 메시지는 (전문성이 담보
   되거나 매력적인) 제3자를 통해 전달될 때 효과적이다. 자기자랑만 늘어놓는 친
   구가 매력적으로 보이던가? 인플루언서를 적극 활용한다.

2. 부정 이슈에는 절대 숨거나 입을 다물지 않는다. 실수나 잘못이 확인됐을 경우,
   외부에서 의혹을 제기하기 전에 빠르게 인정하고 선제적으로 사과한다. 그리
   고 이를 전달하는 화자는 CEO나 해당 이슈의 담당자인 것이 좋다.

3. 절대 '억지사과'는 하지 않는다. 정확한 사태 파악 없이 섣부른 사과나 고객 입
   장에서 진정성이 느껴지지 않는 사과는 오히려 역효과를 일으킨다. 사람들은
   보면, 안다.

든든한 빽 하나쯤은…

원활한 사회생활을 위해서는 든든한 빽(back ground)이 하나쯤은 필요하다. 그거 없이 이 험한 직장생활을 헤쳐 나간다는 건 고행길이 따로 없다. 믿는 구석 하나쯤은 필수다. 나 역시 '믿는 구석'이 있다. 지금부터 그 든든한 빽을 어떻게 만들게 됐는지 이야기하고자 한다.

맨땅에 헤딩부터

하루아침에 팔자에도 없던 스타트업 마케터가 됐다. 일반적으로 기업에 취직을 하면 직종을 떠나서 흔히 말하는 루틴과 시스템이란 것이 존재하고 그 안에서 내가 해야 하는 일과 할 수 있는 일이 보인다. 그러나 나와 같은 경험을 해 본 이들은 격공하겠지만 이제 막 시작한 스타트업의 마케터는… 뭐가 없다. 아무것도 없다. 본인이 찾아서 일을 해야 한다. 회사의 목표는 분명 있지만 그 목표를 달성하기 위한 구체적인 목표나 액션플랜들은 그냥 알아서 만들어내야 한다. 나쁜 게 아니라 다른 것이다. 여기에 잘 맞는 이는 엄청난 성장을 할 것이고, 그렇지 못한 이는 자괴감을 느끼며 방황이 길어질 것이다.

게다가 더 큰 문제는 그놈의 오백만 원이었다. 이 금액의 정체는 한 달간 집행할 수 있는 마케팅 총예산이었다. 하루가 아니라 한 달 동안 써야 하는 예산이었다. 그때까지만 해도 스타트업에 대한 이해도 없고 퍼포먼스 마케팅에 대한 경험도 전혀 없는 스.알.업이었기 때문에 적잖이 당황했다. 이직을 하면서 브랜 딩 업무만 하면 될 것이란 나의 착각은 지금 생각해 보면 귀여워 죽.이.고.싶.다. 내 친구는 대체 어쩌자고 날 데려온 것인가? 오천만원도 아니 고 오백만 원이라… 허허~ 해야 할 일도 많고 매체 비용도 만만치 않은데 오백만 원이라니. 이전 직장에서 매년 내가 기안을 올렸던 예산이 백 억에서 백오십 억 사이였던 것을 감안하면 내가 왜 그 리 좌절했는지 감이 올 것이다.

그렇다 보니 현실적으로 할 수 있는 건 페이스북으로 집행하 는 앱 설치 광고가 전부였다. 사실 뭐라도 해 보고 싶은 마음에 전단지를 만 들어 판교역 앞에서 뿌려보기도 했다. 게다가 당시 퍼포먼스 마케팅을 담 당하던 직원이 퇴사하면서 그 업무가 내게로 고스란히 날아왔다. 그동안 브랜딩에 대해 고민해왔던 것들을 여기에서 펼쳐 보이겠 다는 다짐은 살짝 접어두고 월 오백만 원이라는 현실 앞에 한동 안 페이스북만 붙잡고 살았다.

퍼포먼스 마케팅을 시작하다

의도치 않은 선택과 집중 덕분에 평균 1,800원 수준의 CPI(cost per install)를 보이던 광고 효율을 두 달 만에 평균 800원 대로 낮출 수 있었다. 찌릿짜릿한 느낌을 받았다. 퍼포먼스 마케팅 의 세계에 첫발을 디딘 것이다. 이해를 위해 아주 짧게 설명하자 면 CPI는 한 명당 앱을 설치하는 데 드는 비용으로, 당시 예산인 오백만 원을 기준으로 기존 가입자가 한 달 기준 2,778명이었던 것을 6,250명으로 끌어올린 셈이다. 두 배가 넘는 실적이다.

그렇게 한동안 주식시장에 빠진 개미마냥 모니터에 표시된 데이터의 등락만 쳐다보고 살았다. 퍼포먼스 마케팅의 재미에 흠뻑 빠지게 된 계기였다. 그러나 그렇게 신나게 내려가던 CPI도 평균 700원대에서 멈추더니 더 이상 내려가지 않았다.

이유야 다양하겠지만 크게 두 가지로 자체 분석했다. 우선 내가 만든 광고물이 딱 그 정도 수준인 것이다. 700원을 써야 한 명이 올까말까 한 수준 말이다. 그 이상으로 유저들의 마음을 사로잡아야 하는데 그렇게 못하고 있다는 것이 스스로에 대한 솔직한 평가였다. 간결하고 정제된 언어가 사람들에게 항상 어필하는 것은 아니었다. 설령 광고문에 나오는 카피들이 비문이더라도, 논리가 부족하더라도 페이스북에서는 사람들의 공감과 재미를 이끌어내는 게 더 효율적일 때가 있었다. 내가 젊은 꼰대인가 생각이 들 정도로 당시에는 충격적이었다. 그 이후로 온라인 커뮤니티에 가입해서 사람들이 어떤 언어로 대화하는지 관찰을 넘어 동참을 했다. 그래야 내 것이 되니까.

그다음으로 꼽은 이유가 바로 예산의 절대적 한계였다. 물론 CPI의 개선으로 마케팅 예산을 증액 받았지만 연내 100만 명의 가입자 수라는 목표를 달성하려면 지금의 효율과 속도로는 부족

하다는 판단이 들었다. 혹자는 어차피 CPI라는 게 비율의 문제니 예산을 증액한다고 해도 그 값은 고정적이지 않은 것이냐고 반문할 수 있는데, 당시의 페이스북은 네트워크 파워에 최적화된 매체로 투입되는 광고 물량에 따라 그 효율의 기울기는 급속하게 상승할 수 있다. 쉽게 말해서 어느 정도까지는 들이부으면 들이부을 수록 효율이 좋아진다는 이야기다. 궁금한 사람은 멧칼프의 법칙 같은 네트워크 관련 이론들을 살짝 찾아보면 좋을 것이다.

스타트업 공동 마케팅

그렇게 효율의 정체로 고심하던 내게 의문의 제안이 들어온다. 토스의 마케터에게서 연락이 온 것이다. 당시엔 토스가 뭔지도 잘 몰랐다. 진짜 뭣도 모르고 업계로 왔다. 그는 토스와 공동으로 마케팅을 진행해 보지 않겠냐는 제안이었고, 여기에는 토스뿐만 아니라 지그재그, 이음, 다이닝코드, 화해, 빙글 등과 같은 스타트업들도 함께 참여하고 있다고 했다. 다단계인가?

그의 제안을 요약하자면 페이스북 앱설치 광고에 쓰는 예산을 회사마다 분산해서 집행하지 말고 그 예산을 모두 모아 한 계정에 집중몰빵하자는 것이었다. 만약 5개의 회사가 공동으로 광고를 집행하면 단독으로 하는 것보다 예산을 5배로 쓸 수 있는 것이다. 물론 그 효과는 당연히 현재의 CPI 효율보다 좋을 테고 현재 자기들은 이걸로 괜찮은 성과를 내고 있다고 했다. 그렇게 좋은 걸 왜 나랑?

　　원래 알고 지내던 사이도 아니고 다짜고짜 연락이 와서 예산을 같이 쓰자고 하니 경계를 하지 않으려야 않을 수가 없었다. 생각해 보라. TV나 영화에 등장하는 사기꾼 캐릭터의 모습과 닮아 있지 않나? 아, 절대 그의 외모를 이야기하는 것이 아니다. 그는 정말이지 법 없이도 살게 생겼다. 매체 속의 사기꾼들은 대개 고민에 빠져 있는 주인공에게 다가와 그가 원하던 부분을 해결해줄 수 있다며, 효과까지 확실히 보장한다고 장담을 한다. 토스의 제안과 너무 유사하지 않은가? 어떻게 경계를 안 할 수 있겠는가? 게다가 퍼포먼스 걸음마인 나로서는 이해하기 어려운 용어로 뭔가 전문적인 느낌을 확 풍기며 너무 신뢰를 주니까 오히려 그게 더더욱 의심스러울 수밖에! 성진아 미안…

　　그때는 나는 완전 퍼포먼스 쪼렙으로 아는 것보다 모르는 것이 더 많았고, 워낙에 적은 예산으로 일해야 했던 시기라 적은 돈이라도 허투루 쓸 수 없었다. 게다가 뭔가 미숙해 보이면 안 된다는 생각에 꼿꼿하게 굴었던 것이 오히려 상대를 불편하게 만들기도 했다. 지금이야 틈날 때마다 또는 마케터로서 고민에 빠질 때마다 이런저런 이야기를 주고받는 동갑내기 친구로, 사회 나와서 만난 친구 중에 몇 안 되는 편하게 말하는 사이가 됐지만 그때만해도 서로 불편했다. 토스 마케터들끼리 내 뒷담화했다고 카더라…

초반의 오해를 극복하고 우리는 꽤 긴 시간 동안 '연합광고' 라는 이름으로 공동 마케팅을 진행했다. 방법은 간단했다. 대여섯 개의 스타트업끼리 모여서 각자 카드뉴스 형태의 광고물을 만든다. 자사의 광고만이 아니라 서로의 서비스가 모두 포함된 '시리즈 형식'의 광고물을 만드는 것이다. 그렇게 각자 만든 광고를 검수하고 서로 피드백을 주고받으며 완성한다. 이후 미리 준비해둔 페이스북 페이지에 업로드 후 광고를 태우는 것이다. 핵꿀팁 페이지가 가장 열일했다. 최소 15개에서 20개 정도의 콘텐츠를 매주 만들고 거기에 소액으로 광고를 집행한다. 그렇게 24시간 정도 지켜보다가 효율이 좋은 콘텐츠가 눈에 띄면 해당 콘텐츠에 예산을 집중하는 형식으로 진행했다. 평소 오백만 원 정도 집행하던 것을 삼천만 원까지 늘리니 (회사마다 효율은 차이가 났지만) 전체적으로 모두에게 좋은 성과를 안겨줬다.

처음 만났을 때 토스에서 장담한 대로 광고 효율은 기존의 것과는 비교할 수 없을 만큼 좋아졌다. 어느 정도였냐고? 깨질 것 같지 않던 700원대의 CPI가 하루아침에 100원 미만으로 떨어지더니 계속 두 자리 수의 CPI 효율을 보여줬다. 가장 좋을 때는 (셀잇 기준) 30원까지 낮아진 적도 있었다. 말 그대로 미친 활약이었다. 예산을 몰빵했을 때 나타나는 효과는 십시일반(十匙一飯)이 아니라 십시천반(十匙千飯)과 같았다.

연합광고의 효과가 워낙 극적이기도 했지만 일하다 보니 다양한 스타트업에서 모인 마케터들끼리 같이 일하는 것 자체가 즐거웠다. 이걸 보고 또 "아닌데~ 착각하시기는!" 이렇게 말할 누군가가 떠오른다. 그도 그럴 것이 스타트업은 규모 특성상 자신의 업무에 공감할 수 있는 이를 찾기가 어렵다. 게다가 같은 회사 직원에게 차마 할 수 없는 이야기들도 있다. 그렇기에 연합광고로 모인 마케터들은 서로에게 좋은 대나무숲이자 과외선생이었다. 심지어 우리끼리 마케팅 대행사를 차리자는 이야기가 나올 정도로 팀워크가 좋았다. 우리끼리 회사 차리면 놀다가 망할 거란 한 마케터의 의견에 다들 공감했는지 이 이야기는 두 번 다시 언급되지 않았다.

마님들은 현재진행형

지금이야 함께 했던 연합광고는 끝났지만 지금도 '마님들'은 여전히 현재진행형이다. 토스를 비롯해 지그재그, 화해 등 그때 모였던 다양한 스타트업의 마케터들끼리 만든 카톡방의 이름이기도 한 '마님들'은 여전히 마케터들만의 경험을 공유하며 서로 도움을 주고받는다.

한번은 새벽 1시에 카페로 불려 나가서 보도자료 첨삭을 하거나 부정이슈에 대한 대응방안 등을 함께 논의한 적도 있다. 새로 창업한 그 친구에게 어떻게든 도움을 주고 싶었기에. 또 우리는 서로의 회사로 이직을 하거나 이직 정보를 물어다 주기도 한다. A와 B가 동료였다가 B와 C가 동료가 되기도 하는 등 묘한 상황이 발생하기도 한다. 뿐만 아니라 공적인 부분을 떠나서 서로의 결혼식이나 집들이에 초대하기도 하는 등 우리는 직장 동료는 아니지만 '회사 친구' 같은 관계를 유지하며 온오프라인을 가리지 않고 여전히 함께하고 있다.

그렇다. 내게 믿는 구석은 바로 '마님들'이다. 창업에 대한 고민을 할 때에 창업 선배이자 망한 CEO 선배 지그재그의 CMO인 정훈이 형을 찾아가 몇 시간씩 이야기를 나눴다. 그는 그때도 지금도 무조건 말린다. 면접을 보고 나와 마케터로서의 정체성에 대한 의심이 들 때 울컥하던 나를 5분 만에 정신 차리게 해 준 슬기, 커리어가 꼬였다고 징징대면 창업하기 좋은 커리어라며 위로해준 성진이, 자기랑은 안 맞다며 뗵뗵거리면서도 내 원고를 꼼꼼히 읽어주며 피드백해준 민영이, 그리고 내 투머치한 열정발악을 옆에서 다 받아준 문섭이까지 모두 고맙고 든든한 나의 '빽'들이다. 그밖에도 다들 자기 분야에서는 한 가닥씩 하는 마님들이 있다. 우리는 광고 예산을 모으기 위해 모였지만, 어느새 우리는 서로에게 든든한 '빽'이 되어 있다.

굳이 골 넣는
센터백이 될 필요는 없다

분야를 막론하고 업무가 고도화될수록 분업은 필수다. 디렉터는 업무를 세분화하고 그렇게 쪼갠 각 파트에 실무자를 배치해 그들에게 적정한 권한과 책임을 나눠주는 것은 좋은 퍼포먼스를 위한 필요조건이다. 그렇기 때문에 업무에 착수하기 전부터 디렉터와 실무자 간의 명확한 커뮤니케이션은 아무리 강조해도 부족함이 없다. 그 과정에서 '적정'에 대한 기준을 찾는 것이 디렉터의 역량인데, 이는 결코 쉽지 않다. 만약 이러한 과정을 거치지 않을 경우 자신들도 모르는 사이에 그 조직은 점점 산으로 가게 된다. 게다가 이는 당장은 티가 나지 않아서 더 유의해야 한다. 대개 나중에 일이 터지고서야 알게 되니까.

특히 현재 조직의 규모나 상황을 고려하지 않은 채 기존의 관습에 기대 업무를 쪼개다보면 실무자 간 업무가 겹치거나 아예 담당자가 없는 업무 공백이 발생하기도 한다. 제일 황당했던 경험은 커뮤니케이션을 담당하는 팀을 두고 따로 디지털팀냉장고 팔아야 할 것 같다이나 온라인미디어팀 같은 요상한 이름으로 다른 팀을 꾸리는 걸 지켜봐야 할 때였다. 그러면 커뮤니케이션 부서에서는 전단지 만들어서 뿌리나? 그러고는 다른 사무실에서 앉아 서로 같은 일을 하고 있는 웃을 수만은 없는 상황을 지켜봐야 했다. 실제로 아직도 이런 일들이 비일비재하다. 여담으로 이런 경우에는 미디어의 종류나 구체적인 액션에 따라 종속 개념을 바탕으로 재편해야 한다. 그렇지 않을 경우 사고가 발생했을 때 책임의 공백이 발생하기 쉽다.

이런 경우도 있다. 쪼개야 할 업무를 어설프게 묶어두어 실무자들이 역량을 제대로 발휘할 수 없게 만들기도 한다. 이는 특정 자리가 조직 내 정치적 산물인 경우 흔히 발생한다. 이러한 기형적 조직이 만들어지는 이유는 누군가에게 억지 자리를 만들어주다 보니 그렇다. 그리고 보통 그렇게 자리를 차지한 사람은 대부분 역량이 아쉬운 사람들일 때가 많다. 여기서부터 악순환은 시작된다. 그 사람 밑에서 함께 일하는 사람들만 죽어난다.

내 역할은 어디까지인가?

조직이 제대로 굴러가기 위해서는 협력하는 부서 또는 부서 내 R&R(role & responsibility)을 디테일하고 명확하게 정의 및 정리하는 것이 중요하다. 중요하다. 중요하다. 더 강조해도 부족함이 없을 정도로 중요하다. R&R에 대한 개념이 낯선 이들은 스포츠에 빗대서 생각해 보면 쉽다.

예를 들어 축구경기를 하는데 흔히 센터백이라 불리는 최종 수비수가 발재간이 좋다는 이유만으로 혼자 드리블해서 최전방까지 올라온다면 팀은 찬스를 얻을 수도 있지만 위기에 빠질 확률이 더 높다. 이는 역습 위기뿐만 아니라 이러한 일이 반복될 경우 팀원들의 사기에도 악영향을 미치게 된다. 이번에는 레프트백, 라이트백이라고 불리는 측면 수비수에 대해 생각해 보자. 측면 수비수는 이름 그대로 수비수다. 주로 부여된 역할은 상대의 측면 공격을 막는 역할이지만, 최근 축구의 흐름에서는 측면 수비수에게 수비 못지않게 뛰어난 활동량과 스피드를 바탕으로 공격에 기여하기를 원한다. 오버래핑을 통해 공격 루트를 다양화하는 데 기여해야 한다.

정리하자면 안정적으로 경기를 운영하며 위기 상황에서 유연하게 대처하기 위해서는 자신의 역할을 정확히 파악하는 동시에 동료의 움직임을 파악하며 유연한 태도로 긴밀히 움직여야 한다. 이는 회사도 마찬가지다.

자신의 역할이 무엇인지 자세하게 정리하는 과정에 있어 협력부서와 서로 명확하게 합의를 이루어내야 한다. 그리고 이는 문서화하는 게 좋다(물론 큰 조직은 이게 쉽지 않다. 그렇기에 더더욱 문서화가 필요하다). 이 과정에서 치사하게 땅따먹기하듯 선 긋고 서로 넘어오지 못하게 하는 유치한 다툼이 되어선 곤란하다. 그러나 유치하게 다 큰 어른들끼리 싸운다. 전쟁이 따로 없다.

명확한 R&R 설정부터

사실 내 경우에만 해도 R&R과 관련된 경험을 떠올리면 다른 팀과 얼굴 붉힌 기억이 꽤 있다. 부끄럽지만 그때 내 수준이 그 정도였던 것이니 누굴 탓하리. 지금 소개하는 에피소드도 R&R에 대해 고민하게 된 계기 중 하나다.

아마 유저데이터 분석회의였던 것으로 기억난다. 유저 유입량과 그들의 구매와 같은 서비스 내 관련된 지표들을 보면서 현재 진행하고 있는 마케팅 활동들이 제대로 가고 있는지 파악하자는 의도로 갑자기 열린 회의였다. 정기 회의가 아니었기에 별다른 생각 없이 참석했다. 이게 문제였다. 회의는 생각 없이 가는 게 절대 아니다.

회의를 시작하자마자 '퍼널'(funnel)이란 단어가 반고리관을 거쳐 유스타키오관을 때릴 때 순간 얼굴이 붉어지며 눈빛이 흔들리기 시작했다. 순간 무슨 말인지 몰라서였다. 물론 '깔때기'라는 뜻의 어휘 상식은 있지만 "형이 왜 거기서 나와…?"* 싶었다. 아무리 전공을 하고 논문을 쓰면서 공부를 했다고 해도 전공 용어를 책이 아닌 실무로 대할 때면 아는 것도 낯설게 느껴지는 법이다. 나만 그래? 게다가 회의에 참석한 모든 이들이 다 고개를 끄덕이고 있으니 불안감은 더욱 증폭됐다. 노트북에 대놓고 검색을 해 보자니 왠지 옆 사람이 볼 것 같고, 스마트폰을 꺼내자니 왠지 딴짓하는 것 같고… 그러다 회의에 점점 몰입하면서 노드가 끊긴 기억들이 하나씩 짜 맞춰지고 달아올랐던 얼굴은 제 온도를 찾았다.

'아~ 그 뻐널!'

잠시 마케팅 퍼널에 대해서 간략하게 소개하자면, 이는 주로 잠재적 고객을 내 브랜드의 고객으로 끌어들이고 이들에게 충성도를 갖게 만드는 일련의 과정을 이야기할 때 주로 쓰이는 용어로, 고객의 행동을 기업의 관점에서 정리한 고객 분석 방법론이다. 조금 풀어서 설명하면 마케팅 활동을 통해 유입된 고객이 내 브랜드를 인지한 뒤 친숙해지고, 구매를 넘어 충성도를 갖게 되는 일련의 과정들을 수치로 분석하는 것을 말한다. 어렵겠지만 다 와간다. 조금만… 그리고 이 과정들 속에서 단계별로 데이터(고객의 행동)를 살펴보면서 기업의 활동 중 취약한 부분이 어디인지 파악할 수 있다.

조금만 더 쉽게 이야기하면 고객과 내(브랜드)가 만나게 된 순간부터 그들이 나(브랜드)를 떠나는 과정 동안의 이야기를 나(브랜드)의 관점에서 숫자로 정리한 관찰일지 같은 것이다. 이때 만남(유입)부터 이별(이탈)까지의 과정 동안 각 단계를 거치면서 고객의 수는 점차 줄어들기 때문에 마치 이 형태가 깔때기 같다고 해서 붙여진 이름이다.

다시 본론으로 돌아가자. 퍼널 설명하다 숨넘어갈 뻔… 퍼널 덕분에 외출했던 멘탈이 제자리를 찾는가 싶었는데 이내 다시 얼굴은 달아올랐다. 프로덕트팀에서 우리 마케팅팀에 의견을 가장한 불만을 표출했기 때문이었다.

당시 우리 팀에서 새로운 광고를 런칭했는데 반응이 좋다 보니 신규 고객이 증가했다. 그런데 문제는 퍼널을 살펴보니 신규 유저 가입은 증가했지만 그 유저들이 구매로 이어지는 비율은 이전보다 못하단 의견이었다. 이전보다 고객의 이탈 비율이 높아졌다는 데이터와 함께 이번 캠페인을 지속할지 논의해 보자고 했다. 고객의 이탈이 우리 팀의 탓이라고 하는 것만 같았다가 아니라 그런 의도였을 것이다. 그 당시는 준비 없이 한 방 맞은 것도 있지만, 솔직히 경험과 실력이 부족했기에 나는 그저 어버버거리다가 다른 캠페인을 기획해 보겠다는 이야기만 하고 그 자리를 도망치듯 빠져나갔다. 여전히 부끄러운 기억 중 하나로 남아 있다.

그리고 자리에 돌아와 진정하고 나니 "막상 회원가입해서 들어왔는데 살 게 없어서 나가는 경우는 아닌지 체크해 볼 필요도 있지 않을까요?"라고 한마디 붙이지 못한 게 마음에 걸려 이불킥을 날리기도 했다. 고객의 유입과 이탈 과정에는 마케터만 관여하는 게 아니다. 서비스 안에서 고객이 사고 싶은 물건을 충분하게 유지하는 일, 계속 들어오고 싶게 만드는 일, 제품의 정보를 꼼꼼히 보고 구매하는 일련의 경험을 쉽고 편하게 서비스를 기획하고 디자인하는 일 등 개발팀과 프로덕트팀 모두가 관여해야 하는 일이다. 억울한 부분이 없지 않았다.

이는 어디까지나 명확하지 않은 R&R로 인해 정확한 진단을 내리지 못하고 애먼 광고 예산만 조정하는 결과를 가져왔다는 생각을 지울 수 없었다. 조금 치졸해 보이지만.

퍼널 단계별 고객 세분화

위 그림과 같이 퍼널 단계를 봤을 때 마케팅팀은 고객을 유입시키는 역할이 가장 주가 된다. 일단 사람들에게 브랜드나 서비스를 많이 알릴 수 있도록 그들과 만나는 접점을 최대한 확보해, 이를 반복 노출시켜 고객이 될 수 있도록 환기시키는 데 집중해야한다. 인식(awareness)과 획득(acquisition), 다른 말로 그들의 눈앞에 알짱거리면서 궁금하게 만들고 결국 와보게끔 만드는 것, 그것이 바로 마케터가 우선 집중해야 하는 역할이다.

그에 반해 이렇게 유입된 고객들을 유지(retention), 다른 말로 고객을 오고 또 오고, 계속 오게 하는 일을 독려하고 활성화하는 것은 마케팅팀보다는 프로덕트팀에서 그 고민을 시작해서 타 부서와 협업을 해 나가는 게 더 효율적이다. 마케팅팀이 전혀 관여하지 않는다는 말은 아니다. 우선순위에 관한 이야기다. 다시 말해 우리 서비스를 경험한 고객에게 재구매를 유도하거나, 꾸준히 재방문하게 만드는 일에 대한 기획은 프로덕트팀에서 출발을 해야 한다. 마케터는 드리블로 최전방까지 올라가는 최종 수비수가 되기보다는 상대방 공격수가 슛을 하지 못하게 그의 움직임을 꽁꽁 묶는 게 중요하다. 코너킥 같은 세트피스 상황에 수비수들이 함께 올라가는 것은 예외겠지만.

이 이야기를 할 때 항상 조심스러운 게 바로 사일로 이펙트(silos effect, 부서간 이기주의)와 혼동하지 않는 것이다. 사일로 이펙트는 다른 부서와 담을 쌓고 자기들만의 이익을 추구하는 현상으로 굴뚝 모양 창고인 사일로에 빗대어 조직 장벽, 부서 이기주의를 의미하는 용어로 사용된다.

물론 마케팅팀에서 어떤 고객을 유치하느냐에 따라 고객 유지는 달라지기 때문에, 마케팅팀이 퍼널 마지막 단계까지 책임이 전혀 없다는 말은 아니다. 특히 커머스의 마케터라면 고객생애가

치(life time value)를 따져서 양질의 고객을 유입시켜야 하고 체리
피커(cherry picker, 상품이나 서비스 이용은 하지 않으면서 혜택만 챙
기는 고객)의 유입을 최소화하는 데 집중해야 한다. 만약 마케팅팀
이 근시안적인 자신들의 성과를 위해 체리피커만 잔뜩 유입을 시
켰다면 이는 앞서 말한 오너십(ownership)이 없는 경우라고 할 수
있다.

　계속 강조하지만 책임을 회피하는 것과 처음부터 자신들의
역할을 합의하에 규정하는 것은 다르다. 그리고 애초에 명확한
R&R 설정이 있었다면 서로 책임을 떠미는 일은 없을 것이다.

마케터, 공무원이 되다

좋은 마케터라면 사람들의 욕망을 잘 읽어낼 줄 알아야 한다. 타깃 오디언스의 욕망을 바탕으로 설득 커뮤니케이션을 진행해 나가야 한다. 그게 광고영상이든, 기사든, 이벤트든, 연설문이든, 무엇이 됐든 그 욕망을 간파하지 못한 채 진행한다면 커뮤니케이션 목표를 성공적으로 이끌기 어렵다. 그렇기에 마케터 업무의 시작은 언제나 커뮤니케이션을 해야 되는 목표 대상, 더 자세히 말하면 목표 대상의 욕망에서 출발해야 한다.

마케터에게 욕망이란?

갑자기 욕망이라고 하니 뭔가 찐득찐득하고 탁한 느낌이 난다. 그러나 내가 여기서 말하고 싶은 욕망이란 탐욕스러운 찐득거림이 아닌, 마케팅 이론에서 말하는 욕구(wants)보다는 조금 더 상호적이며, 필요(needs)보다는 조금 더 본능적이다. 쉽게 말해라… 다시 말해 욕망은 타인의 시선으로 형성된 보다 일차원적인 무의식의 감정 반응이다. 쉽게 말하라니까… 그러니까 스스로 밝히기 조금 껄끄러울 수 있지만 내부적으로는 강렬히 원하는, 그리고 때론 스스로도 원하고 있다는 것을 눈치채지 못하는 감정을 나는 욕망이라 정의한다.

이 욕망이란 놈을 바탕으로 대상을 설득하는 과정에는 필수 불가결하게 자본과 연결될 수밖에 없다. 많든 적든 어쨌든 돈이 든다. 사람들에게 욕망을 불러일으키는 과정, 예를 들어 광고를 집행하거나 홍보물을 만들어 비치하는 등 대부분의 커뮤니케이션 상황에는 비용이 발생한다. 어디 그뿐인가? 정치인은 선거를 치르는 데 비용이 들며 자신의 정치관을 대중에게 알리는 다양한 활동을 하는 데에도 적지 않은 비용을 지불해야 한다. 결국 어떤 영역에서 일하든 간에 설득 커뮤니케이션을 담당하는 파트는 돈을 쓰는 사람들이다. 어쩔 수 없다. 돈 안 쓰고 잘하는 사람? 진짜 안 쓴 건지, 아니면 진짜 잘하는 건지 다시 한번 살펴볼 필요가 있다.

좋은 마케터 = 돈을 잘 쓰는 마케터

상황이 그렇다 보니 가끔 무능한 회사 내 누군가는 마케팅팀에게 돈 잡아먹는 기계라 비아냥대기도 한다. 반대로 마케터들끼리 "좋은 마케터는 돈을 아끼는 사람이 아니라 잘 쓰는 사람이어야 한다"며 서로 농담 같은 위로를 주고받기도 한다. 거기서 나는 조금 더 나아가 "마케터는 그 누구보다 자본주의의 첨병으로 살아야 한다"고 말하곤 한다. 물론 여기에는 약간의 자조적인 심정이 포함되어 있긴 하다. 우리는 결국 (마음을 읽어내어) 돈을 써서 (마음을 움직이게 하는 과정을 거쳐) 돈을 쓰게 해야 하는 직업이니까.

그렇게 철저하게 마케터로 살아왔던 내게 어느 날 갑자기 공익을 실현해야 하는 영역에서 일을 할 기회가 찾아왔다. 공무원이 될 기회 말이다.

당시 프리랜서들을 위한 플랫폼을 만들겠다며 다니던 직장을 관두고 평소 친하게 지내던 동생들과 모여서 창업을 했다. 그러나 창업을 해 본 모든 사람들은 공감하겠지만 목구멍이 포도청이라 생업을 위해 프리랜서 마케터로 밥벌이를 했다. 컨설팅, 콘셉트 제안과 같은 일뿐만 아니라 로고 제작부터 회사소개서 작성, 보도자료 작성, 블로그 관리 등 보수에 상관없이 돈이 되는 일이라면 무엇이든 했다. 그 과정에서 박원순 서울시장을 만났다.

마케터, 어공이 되다

사석에서 만난 그 아재는 의외로外貌와 달리 스마트했고 누구보다 트렌드에 민감했다. 믿기지 않겠지만 그의 핀터레스트 계정을 한번 보라. 그가 얼마나 심미적 요소에 관심이 많은지 알 수 있다. 사실 60대 아재가 핀터레스트를 아는 것도 신기한데 이미 쓰고 있다는 것만으로도 상당히 의외였다. 어쩌면 대한민국에서 핀터레스트를 쓰는 유일한 정치인이자 행정가일지도 모르겠다. 그렇게 그와의 몇 번의 대화를 하면서 평소 이미지外貌에서는 볼 수 없는 면들을 발견했다. 유쾌하면서도 깊이 있는 사람이라고 느꼈다. 당연히 나이가 주는 어쩔 수 없는 꼰대스러운 부분도 없진 않았지만 그간 사회생활하며 만난 아재들에 비해 열려 있다는 인상을 받았다. 아니 그 정도면 훌륭하다는 게 솔직한 평가였다. 상대의 제안을 듣고 누구보다 빨리 이해하며 자신이 설득당하면 과감하게 인정하고 고칠 줄 아는 '선배'였다.

그렇게 좋은 인상을 받고 얼마 지나지 않아 그에게서 전화가 왔다. 헬스장에서 런지를 하고 있었다. 다들 한번쯤 경험해 봤겠지만 트레이너에게 거의 고문 수준으로 당하고 있을 때 울린 전화라 더 반가웠다. 처음에는 새해이기도 하니 정치인의 단순한 안부 전화라 생각했는데 그는 뜻밖의 제안을 해왔다. 자신과 함께 일해 보지 않겠냐며 미디어 비서관을 제안했다. 이는 업계용어로 어공(어쩌다 공무원)이 되지 않겠냐는 뜻이었다.

그러나 앞서 언급했다시피 그동안 공공영역에 대해 깊게 고민해 본 적도 없었고, 이미 벌여둔 일이 있었기에 공손하게 거절했다. 그러나 일주일 뒤 다시 그에게서 전화가 왔고 그때는 차마 거절을 할 수가 없었다. 나 이후에 제안한 사람들도 거절했구나 싶었다. 사실 이미 나는 그에게 감화되어 있었고, 정치적 성향을 떠나 그가 가고자 하는 길에 작은 도움이나마 되고 싶다는 생각을 하고 있던 참이었다. 그렇게 그의 미디어 비서관이 되기로 결심을 했다.

서울시장의 미디어 비서관은 대체?

여기서 잠깐, 서울시장의 미디어 비서관이라는 다소 생소한 이 직업을 간략하게 설명하자면 서울시장이 시정을 원활히 운영할 수 있도록 보좌하는 이들 중에서 특히 미디어와 관련한 활동을 담당하는 이들을 말한다. 아무래도 시장의 미디어 일정을 보필하고 늘공('늘 공무원'의 줄임말로 어공과 대비되는 개념)들과 함께 시정을 효과적으로 홍보하는 것을 돕는다.

　2017년 3월, 그렇게 갑작스레 공무원이 됐지만 처음에는 적응이 쉽진 않았다. 우선 이전까지 일을 했던 기업과 공무원 조직은 무엇 하나 공통점이 없었다. 조직의 존재 목적부터 다르니 어디서부터 어떻게 시작해야 할지 감을 잡지 못했다. 어느 것에도 제대로 집중하지 못했다. 그렇게 헤매던 어느 날 문득 이런 생각이 들었다. 주변 상황이 아닌 나 자신에게 집중하다보면 답이 나올 수도 있지 않을까. 내가 어떤 일을 하는 사람이고, 지금까지 내가 어떤 일을 해왔으며, 이를 바탕으로 앞으로 어떤 것을 할 수 있을지 등 나의 직업적 본질에 대해 다시 정리했다. 최근 이직을 한 이라면 한번 해 보는 것을 추천한다. 프로 이직러의 이야기니 믿고 해 보시라. 은근히 도움이 된다.

　그렇게 고민을 거쳐 다다른 결론은 나의 직업적 본질은 마케터로서 특히 글을 쓰는 사람이며, 그 글이란 것은 대상의 욕망을 파악하고 그들을 설득하는 바탕이 된다. 내 프로덕트가 사람들의 마음속에 어떻게 자리 잡고 있는지 고민하고, 가장 사랑받을 수 있는 방향을 찾아 결정하는 것, 그리고 보다 구체적인 커뮤니케이션 활동을 통해 사람들의 마음을 얻고 그들이 선택할 이유를 '굳이' 만들어내는 일, 그게 마케터인 내가 지금까지 해온 일이고 앞으로 해야 될 일이었다. 그렇게 생각을 정리해 보니 의외로 해야 할 일이 명쾌해졌다.

차별화 전략이 늘 정답은 아니다

성룡이 취권을 배우기 위해 물동이를 지고 날랐던 것처럼 가장 기본적인 것부터 해 보기로 했다. 시장을 세분화하고 타깃을 선정해 어떻게 자리 잡아야 할지를 고민했다. 그렇다, 다들 한번쯤은 들어봤을 낡디 낡은 STP! 구관이 명관이고 클래식은 세대를 관통한다.

그래도 마알못들을 위해 간단하게나마 STP에 대해 설명하고 넘어가면, 자사의 경쟁력을 높이기 위해 어떠한 기준에 따라 전체 시장을 구분(segmentation)하고, 특정 시장을 타깃으로 설정(targeting)해 타깃에게 경쟁자와 다른 이미지로 각인(positioning)시키는 것을 말한다. 일종의 차별화 전략이라고 볼 수 있다.

차별화라… 그러나 고민은 여기서부터 발생했다. 기업의 경우에는 분명한 목표 시장(market)과 타깃 오디언스를 설정하고, 차별화를 위해 상당히 공을 들인다. 그러나 공공영역은 마켓이나 타깃 오디언스의 구분이 명확하지 않다. 서울시의 정책은 특정 시민을 위한 것이 아닌 모든 시민을 위한 것이어야 하고, 이를 접하는 기회 역시 차별적이지 않아야 하기 때문이다. 물론 육아 정책이나 청년 정책과 같이 특정 정책의 경우에는 명확한 대상이 존재하지만 청년이라는 카테고리 안에서 그들 간에 차별이나 제한은 없어야 한다. 결국 정책은 시민 전체의 삶에 대해 이야기해야 한다. 그렇다 보니 기업의 마케팅 진행 방식, 보다 구체적으로 말하자면 차별화를 위한 노력 자체가 살짝 애매한 것이었다.

다시 길을 잃고 헤매는 듯했으나 의외의 포인트에서 길이 보였다. 차별화 전략이 효과적이지 않다는 판단이 서는 동시에 머릿속에 떠오르는 개념은 바로 비차별화 전략이었다. '차별화 전략이 안 먹히면 그럼 비차별화 전략하면 되겠네' 하는 이 단순무식한 발상이 동굴 속 한줄기 빛처럼 다가왔다.

여기서 비차별화 전략이란 각각 시장의 특징을 무시하고 제품이나 브랜드의 매력적인 속성을 중심으로 전체 시장의 모든 타깃에게 전달하는 것을 말한다. 쉽게 말해 세분화 따위 고민하지 않고 그냥 전체 시장을 목표로 무조건 열심히 하는 것이다. 일종의 닥공(닥치고 공격) 전략이다. 혹자는 대체 이게 무슨 전략이냐고 반박할 수도 있을 것 같아 제대로 닥공한 사례를 하나 소개하고자 한다.

아주 강력한 비차별화 전략으로 우리 모두의 뇌리에 박혀 있는 브랜드가 있다. 물론 아재들에게만 해당할 수도 있다. 이를 증명하기 위해 테스트를 먼저 해 보자. 자, 초코파이란 단어와 가장 가까운 한 자어를 떠올려보라. 무엇이 연상되는가? 그리고 자연스럽게 따라오는 멜로디가 있지 않은가?

그렇다! 2000년대 이전에 태어난 사람이라면 대부분 '정(情)'이라는 단어를 떠올렸을 것이다. 20세기 후반부터 초코파이를 만든 오리온은 "말하지 않아도 알~아요"라는 멜로디와 함께 정(情)이라는 단어를 사람들의 뇌에 각인을 시켰다.

이 캠페인에는 오리온 초코파이는 롯데 초코파이와 성분이 다르다느니, 맛이 더 뛰어나다느니, 가격이 더 저렴하다느니 식의 차별화 전략은 없다. 당시 시대상황을 관통하는 키워드를 뽑아내고 이를 효과적인 방식으로 전달했다. 이를 통해 막강한 브랜드를 형성할 수 있었다. 이 사례를 통해 서울시의 정책을 홍보할 때에도 어쩌면 비차별화 전략이 더 효율적일 수 있겠다는 결론을 내렸다.

만약 비차별화 전략을 택할 경우 어떤 커뮤니케이션 전략과 메시지를 준비해야 하는지에 대한 고민을 이어갔다. 정말 산 넘어 산이다. 사실 오리온의 경우 당시 한국 고유의 정서인 정(情)이 점점 잊히는 시대적 상황을 고려해 초코파이를 '정을 나누는 매개'로 정의 내리고 마음을 전하는 수단으로 인식시킴으로써 사람들에게 큰 공감을 일으켰다. 복잡하지 않지만 임팩트 있는 한 방을 남겼다. 그리고 대기업답게 TV 광고부터 지면광고 등 엄청난 물량공세를 펼쳤었다.

그러나 초코파이와는 상대적으로 시정(市政)은 하나로 쉽게 묶이지 않는다. 시민의 삶이 다양한 만큼 삶의 버팀목이 되어주는 정책 또한 하나로 모으기 힘든 지점이 있기 때문이다. 그리고 정책이란 것이 솔직히 일반인에게는 흥미로운 사안도 아니기에 접근이 쉽지 않았다. 특히 서울시가 펼치고 있는 현재의 정책들은 가진 자만을 위한 것도, 그렇다고 가지지 못한 자만을 위한 것도 아니다. 특정 계층을 위한 것이 아니라 모든 시민이 자신들의 삶을 지키고 지속해 나갈 수 있게 도와주는 것이기에 특정 타깃을 염두에 둔 메시지로는 부족했다. 보다 효과적으로 전달하기 위한 구체적인 방법론을 찾아야 했다.

똑 부러지는 해답을 찾지 못하면서 내가 어울리지 않는 곳에 온 것은 아닐까 하며 스스로를 의심하기도 했다. 그렇게 몇 날 며칠을 퇴근하지 않고 서울시에서 만들어내는 시정 홍보 콘텐츠와 시정 관련 데이터들을 파고 또 팠다. 가진 무기라곤 엉덩이의 힘 뿐이니….

그러다 보니 또 감사하게도 의외의 지점에서 실마리를 찾을 수 있었다. 진짜 엉덩이를 뭉개고 앉으면 결국 답은 나온다. 그게 무서운 거다. 마케터들이 흔히 하는 착각이 있다. 일반 사람들이 마케터인 우리만큼 본인의 프로덕트를 많이 알고 있고 높은 관심을 가지고 접근할 것이란 착각 말이다. 이건 조심해야 하고 경계해야 한다. 너무 당연한 이야기지만 놓치기 쉽다. 사실 그들은 우리만큼 많은 정보나 관심을 가지고 접근하지 않는다. 그들이 정책에 대해 반응하는 정도를 살펴볼 필요가 있어 보였다. 그런 이유로 시정 홍보에 대한 시민들의 반응과 관련한 응답 데이터를 분석한 자료를 보다가 재미있는 결과를 발견할 수 있었다. 그리고 그 결과를 바탕으로 내가 무엇을 팔아야 할지 감을 잡을 수 있었다.

과연 나는 '무엇'을 팔 수 있을까?

내가 찾은 바로 그 '무엇'은 시민들이 서울시정에 대해 답한 설문조사에서 힌트를 얻을 수 있었다. 자료를 뜯어보니 신기하게도 시장(박원순)에 대한 호감도와 시정(정책, 행사 등)에 대한 호감도가 거의 일치하고 있었다. 무슨 말인고 하니, 박원순 서울시장에 대해 긍정적인 인상을 가지고 있는 시민들은 그가 펼치는 정책이나 서울시에서 주관하는 행사에도 우호적인 평가를 했고 적극적으로 참여하는 경향을 보였다. 이와 반대로 시장에 대해 부정적인 평가를 하는 이들은 시가 펼치는 정책이라면 부정적으로 평가하는 경향이 있었고 심지어 어떤 것들이 있는지조차 모르는 경우에도 부정적으로 평가했다. 그냥 싫은 거다. 알아도 싫고, 몰라도 싫고, 알고 싶지도 않고!

감이 오는가? 드디어 내게도 쓸 만한(?) 무기가 생긴 것이다. 초코파이에게 정(情)이 있다면 서울시에는 서울시장이 그 역할을 할 수 있을 것이란 기대가 생겼다. 시장과 시정에 대한 인상은 서로 면밀히 상호작용하고 있었고, 다르게 말하면 시장이 시정을 홍보하는 데 가장 강력한 무기인 셈이다. 게다가 같이 일해 보니 그는 자신을 활용(?)해 주는 것을 은근히 좋아하는 눈치였다.

그래서 박원순을 팝니다

이런 결론을 바탕으로 내가 해야 할 일은 단순명쾌해졌다. 보다 효과적인 시정 홍보를 위한 매개로서 박원순을 활용해야 하고, 박원순을 효과적으로 활용하기 위해서 사람들에게 그를 사랑받는 브랜드로 만드는 것, 이른바 박원순 리브랜딩. 박원순이라는 브랜드를 one of them이 아니라 the only one으로 만드는 작업이 바로 내가 마케터로서 해야 할 미션이었다. 그렇게 '디지털 원순 개편 프로젝트'가 시작되었다.

퍼스널 브랜딩할 때 유의해야 할 점

성공적인 퍼스널 브랜딩을 위해서 가장 중요한 것은 관찰! 그래서 내가 가장 열심히 한 것은 졸졸 따라다니기였다. 인간은 쉽게 파악되거나 정의내릴 수 없는 존재이기에 지금까지 해온 다른 그 어떤 프로덕트보다 더 가까이 붙어서 더 신중히 관찰해야 했다.

그렇게 박원순 시장을 따라다니며 포착한 점이 있다. 아이러니하게도 그는 직접 말을 할 때보다 사람들의 이야기를 들어줄 때 오히려 더 많은 메시지가 전달되고 사람들에게 감동을 준다는 것을. 그래서 진행한 것이 바로 프로젝트 〈몰라서 물어본다〉였다.

그러나 성공적인 퍼스널 브랜딩을 위해 절대 하지 말아야 할 것이 있다. 바로 머리로만 상상하는 것. 막연히 풍기는 느낌만으로 대중이 바라는 모습이나, 내가 만들고 싶은 모습으로 대상을 포장하는 것은 위험하다. 자칫 그에게 없는 모습일 경우, 금방 들통나고 만다. 오히려 역효과를 가져온다. 철저하게 내가 그에게서 직접 관찰한 모습을 가지고 발전시켜 나가야 한다.

모자 쓰고 출근하는 공무원

양말이나 팬티보다 더 많은 수의 모자를 가지고 있다. 길 가다가도 마음에 드는 모자가 있으면 망설임 없이 사 버린다. 꼼꼼한 소비를 한다고 자부하면서도 모자 앞에서는 한없이 무너져 내린다. 결혼을 하고부터는 그러지 않으려고 노력해 보지만 쉽게 고쳐지지 않는다. 아내도 이제는 모자 사는 걸 이해_{포기}하고 산다.

모자를 좋아하다 보니 평소 양말은 신지 않더라도 모자는 꼭 챙기는 편이다. 의상에 따라 양말 고르기는 까다롭지 않지만 모자는 꼭 의상에 맞게 다양하게 써 본 뒤 외출한다. 자리에 따라 모자를 쓰지 못할 경우에는 따로 가방에 챙겼다가 그 자리가 파하는 대로 얼른 모자를 쓴다. 그제야 심적으로 안정감을 느낀다. 속박이 주는 자유로움이라고 할까? 강철로 된 무지개, 소리 없는 아우성 같은…?! 특히 슈트에 빈티지 야구캡을 매치하는 것을 좋아하는데, 살이 찌면서 이 창착은 그냥 다음 생을 기약해 본다.

다행히 지금까지는 복장에 대해 크게 터치를 하지 않는 직장에 다녔기 때문에 지금껏 모자는 늘 함께했다. 모자는 마케터 신영웅의 작업복이자 레드불 같은 존재다.

모자를 쓰고 출근하다?

안경이나 양말과 같이 사회생활에 제약이 적은 아이템도 있을 텐데 나는 굳이 왜 모자일까? 어디까지나 아버지의 영향이 크다. 야구선수 출신인 아버지는 내가 어릴 때부터 내게 야구모자와 야구복을 자주 입혔다. 어릴 때 사진을 봐도 모자를 쓰고 있는 사진이 많은 것을 보면 시작은 나의 의지가 아니었을 것이다. 그러나 사춘기를 지나며 모자가 주는 매력에 빠져 버렸다. 까까머리, 게다가 매일 입는 옷이라곤 교복이 전부인 학생에게 자신을 표현할 수 있는 가장 좋은 아이템이 바로 모자였다. 신발이나 가방에 비해 그리 비싸지 않아서 다양하게 소유할 수 있었다. 변덕스러운 성격에도 모자가 제격이었다.

그러다 인생 최고 위기에 봉착, 어공어쩌다 공무원이 되어버렸다. 흔히 우리의 의식 속에 공무원이라고 하면 정형화된 복장과 칼 같은 출퇴근 시간 등을 자연스레 떠올리게 된다. 그렇다 보니 언감생심 모자를 쓰고 출근할 엄두가 나지 않았다.

그렇게 일주일을 출근했다. 퇴근할 때는 주차장에 와서야 가방에서 모자를 꺼냈다. 여전히 모자를 쓰지 않은 채 한 주가 지나고 그렇게 한 달이 됐는데 내 안에 채워지지 않는 갈급함이 있었다. 이런저런 고민 끝에 '이에라이시앙' 정신으로 결국 가장 아끼는 스냅백을 쓰고 출근을 해 버렸다. 저질렀다, 결국!

집에서 나올 때는 의기양양했지만 막상 청사로 들어가려니 나도 모르게 얼굴이 화끈대고 심장이 두쿵두쿵 제멋대로 날뛰기 시작했다. 그때 내가 생각보다 그렇게 깡이 좋은 놈은 아니란 걸 깨달았다. 마치 엄마 지갑에 손을 댄 아이가 군것질을 실컷 하고 다시 집에 돌아와 초인종을 누르기 직전의 그런 기분이랄까? 다시 한번 마법의 주문인 '이에라이시앙~'을 외치며 시청사로 들어갔다.

게이트에서 근무하시는 분들이 혹시 출입을 제지할까 봐 평소엔 걸지도 않는 공무원증을 목에 걸고 어색하게 웃으며 들어갔다. 오옷! 무사통과~ 그런데 게이트를 지나 엘리베이터 앞에 서 있는데 왠지 사람들이 나만 쳐다보는 것 같았다. 사실 나 따위 안중에도 없다. 혼자 조용히 6층으로 가는 엘리베이터를 기다렸다. 혼자 쌩쑈를…

시장님, 안녕하세요..

그제야 살짝 긴장이 풀리면서 약간의 여유가 생겼다. 드디어 엘리베이터가 도착, 문이 열리는데 아놔… 이런… 엄청 낯익은 사람이 눈앞에 나타났다. 바로 이 회사 사장(?)인 박원순 서울시장. 살짝 당황했지만 최대한 당당한 척 활짝 웃으면 인사를 건넸다.

"시장님, 안녕하세요~"

시장의 옆에는 양복차림의 人士아재들이 있었는데 그들은 나를 보더니 레이저로 내 몸을 스캔하듯 훑었다. 순간 통돼지 바비큐가 되는 기분이 들더라. 그 레이저를 느낀 난 침을 한 번 꼴깍 삼켰다. 옆에 같이 있던 눈치 없는 어떤 분이 냉랭한 엘리베이터 속 침묵을 깼다.

"요즘 젊은 친구들은 복장이 자유롭고 보기 좋습니다~
그렇죠, 시장님?"

느글느글한 너스레를 떠는 것이었다. 난 그가 무슨 뜻으로 그러는지 잘 알고 있었기에 그의 넥타이 너머로 보이는 울대에 촙샵을 날리는 상상을 했다. 상상만 했다.

하늘이시여, 하필 그날따라 왜 그렇게 보스턴(버켄스탁)을 신고 싶었을까…? 게다가 한여름도 아닌데 반바지까지… 뭔가 책잡히기 딱 좋은 복장인 나 자신을 저주했다. 후우~ 식은땀이 삐질, 얼굴은 여유 있는 모습을 유지하려 웃고 있었지만 정작 볼때기가 심장이랑 박자를 맞추며 함께 떨리고 있었다. 무슨 말이라도 해야겠다는 압박에 입을 열려고 하는데…

"좋네요~ 다른 분들도 진작 이렇게들 입고 다니면
좋겠다고 말씀드렸잖아요~
나도 외부행사만 적으면 편하게 입고 싶은데 아쉬워요.
그리고 옷으로 일하는 거 아니잖아요.
얼마나 보기 좋아요~ 편안하고~ 시원하고~ 일도 훨씬 잘될걸요?
신영웅 씨, 일 잘되지요?"

"옷으로 일하는 거 아니잖아요 옷으로 일하는 거 아니잖아요 옷으로 일하는 거 아니잖아요 옷으로 일하는 거 아니잖아요 옷으로 일하는 거 아니잖아요 옷으로 일하는 거 아니잖아요." ㅎㅎㅎㅎㅎㅎㅎㅎㅎㅎㅎㅎㅎㅎㅎㅎㅎㅎㅎㅎㅎㅎㅎㅎㅎㅎㅎ ㅎㅎㅎㅎㅎㅎㅎㅎㅎㅎ 박 사장님, 나이스샷!

보통 나이가 들면 자신이 살아왔던 세계에 대해 공고해지고, 그 경계 밖에 있는 것들에 대해서는 부정적이거나 배타적으로 반응하기 마련이다. 이른바 꼰대가 되어가는 것이다. 그건 평소 이념이나 가치관을 떠나서 으.르.신들에게서 보이는 보편적 현상이다. 어찌 보면 눈이 침침해지고 귀가 잘 안 들리는 것처럼 자연스러운 노화현상의 하나일 수도 있다. 우리 부모에게서도 자주 발견되곤 한다. 하물며 가끔은 후배들이랑 대화할 때 내게서도 나타나 깜짝 놀라기도 한다. 그리고 자신이 걸어왔던 길이 성공적일수록 그 경계는 높아지고 단단해지며 이를 벗어난 것들을 인정하는 게 쉽지 않다.

그러나 예상과 달리 이 아재에게서는 유연함이 느껴졌다. 원래부터 구태의연한 것에 대한 알레르기가 있다는 사실은 알고 있었지만, 그래도 어쩔 수 없이 나이가 주는 아재스러움이 있어 조금 걱정했는데 저렇게 말해주니 살짝 감동 먹었다. 자기도 내 감동을 느꼈는지 날 보며 씨익 웃더라. 그리곤 또 평소와 다름없이 엘리베이터에

탄 직원들의 호구조사를 시작했다. 넘아 제발 이건 좀… 무슨 부서에서 일하는지~ 일은 힘들지 않은지~ 요즘 고민은 뭔지~ 지금 당신의 질문 자체가 고민… 이럴 때 보면 영락없는 동네 아저씨다.

모자, 내게는 다양성에 대한 존중

그날 이후로 내게 모자가 갖는 의미가 하나 더 추가됐다. 단순히 어린 시절 아버지와의 추억이거나 마케터로서의 나를 표현하는 하나의 상징을 넘어, 타인을 이해하고 아니, 설령 이해를 못할지언정 함부로 재단하고 평가하지 않겠다는 의지, 곧 '다양성에 대한 존중'의 의미가 더해졌다.

요즘도 가끔 모자를 보면서 스스로를 돌아본다. 혹시 나의 좁은 식견으로 누군가를 함부로 판단한 적은 없는지. 특히 마케터라면 그 어떤 직업보다 새로운 것을 유연하게 받아들이고 소화해낼 수 있어야 하기에 늘 조심하려고 한다. 그리고 소망한다, 상대를 이해하고 자시고를 떠나 그냥 상대방을 있는 그대로 받아들일 수 있는 어른, 선배가 될 수 있기를.

박원순은 왜 지코를 만났을까

서울시장의 비서관으로서 일하면서 빡쎈 부분 중에 하나가 사장님(참모들은 시장님을 이렇게 부른다)의 '일 욕심'을 온몸으로 감당해내는 것이다. 그를 겪어본 사람들은 하나같이 혀를 내두를 정도로 그는 농업적 근면성을 타고난 워커홀릭이다. 내가 만나는 보스들의 공통점이기도 하다… 이제는 그냥 팔자인가 보다 한다. 쉬는 것도 '일정'으로 잡아야 그제야 조금 쉴 것 같다며 비서진들끼리 짠한 농담을 할 정도다. 그 정도로 그는 자신을 갈아 넣으며 일하는 타입이다.

솔직히 말해서 이게 마냥 멋져 보이거나 좋아 보이지만은 않는다. 이런 말이 그에게는 기분 언짢을 수 있는 이야기지만 너무 자신을 소모한다는 느낌? 자신이 가진 것을 쏟아내는 것만큼 중요한 것이 새로운 것들을 담는 노력일 텐데 그는 쏟아내는 데 더 열중하는 것처럼 보였다. 아무리 자기가 좋아서 하는 일이라지만 인간은 분명히 한계가 있는 존재이니 빼내기만 해서는 항상 좋은 결과물을 만들어낼 수 없다. 자신을 소모한 만큼 채우는 시간도 필요하고 휴식도 필요하다. 그래야 더 좋은 것들이 새롭게 뿜어져 나오니까.

젊은 세대에 대한 시선

그리고 얼마지 않아 그에게서 조금 아쉬운 부분, 그래서 채웠으면 하는 지점을 발견했다. 그것은 바로 요즘을 살아가는 젊은이들을 바라보는 그의 시선, 온도 같은 것들이었다. 개인적으로 아쉬운 마음이 컸다. 물론 서울시는 청년들을 위해 다양한 정책과 지원 사업을 벌이며 그들의 삶과 내일이 조금 더 나아질 수 있도록 많은 애를 쓴다. 그러나 여느 아재들이 그러한 것처럼 그 시선이 시혜성 애정이라는 점, 그래서 자신이 뭔가 일방적으로 베풀어줘야만 한다는 그 '꼰대적 관찰 시점'이 불편했다. 하긴 말로만 하는 정치인들보다 백배 낫긴 하다. 그러나 그의 참모이기 전에 그를 좋아하는 한 사람으로서 이 안타까운 상황을 타개할 묘책이 필요했다.

사실 우리가 흔히 청년이라고 부르는 젊은 세대들은 경험적으로나 경제적으로 부족할 수밖에 없는 존재이긴 하다. 그래서 선배 세대들의 도움이 필요하지만 그렇다고 해서 일방적으로 도움을 받아야 하는 절대적 약자는 아니다. 청년 중에는 기존과 다른 문법으로 자신만의 세계관(성공이란 뜻이지만 의도와 다르게 읽힐 것을 우려해 세계관이란 표현으로 대체)을 형성한 이도 있고, 꼭 성공이라는 키워드가 아닐지라도 이전 세대와는 다른 형태의 행복에 대해 고민하고 자신만의 답을 찾아가는 모습들이 여기저기서 발견된다.

그렇게 젊은 세대들은 이미 스스로 '가야 할 길'이나 '갈 수 있는 길'이 다양해졌다는 것을 알아가고 있는데 여전히 기성세대들은 그 길이란 것이 여전히 하나인 줄로만 아는 듯했다. 틈만 나면 자기 사법고시 시험공부하던 방법을 들려준다… 후우… 박원순을 비롯한 아재들은 젊은 세대들에 대해 조금 입체적으로 이해할 필요가 있다

는 생각이 들었다. 그리고 일방적으로 도움을 줘야 하는 대상이
아니라 오히려 후배 세대에게도 충분히 배울 게 많다는 것을 알
려주고 싶었다. 본인들도 젊은 날에 그렇게 생각했을 거 아닌가? 백날 말로만
하기보다는 요즘 세대들이 어떻게 세상과 소통하는지 직접 만나
서 느끼게 해 주고 싶었다.

그래서 준비했다!

그래서 준비한 것이 바로 카카오가 서비스하는 브런치를 활
용한 〈몰라서 물어본다〉 프로젝트였다. 〈몰라서 물어본다〉는 각
기 자신만의 방식으로 의미 있는 결과물들을 만들어낸 '업계 셀
럽'들을 만나 그들의 이야기를 듣는 기획이었다. 사람들에게 박원
순의 이야기를 들려주는 것이 아니라안물안궁, 그가 직접 젊은 전
문가들을 만나 '모르는 것은 물어보고 채워가는' 시간으로 만들
면서 세대 간의 공감을 끌어내보자는 취지였다.

기획에만 몇 달을 공들였고 뭣보다 그에게 꼭 필요한 일이라
생각했기에 그 어느 때보다 세심하게 준비했다. 프로젝트가 성공
하기 위해서는 인터뷰이 섭외가 관건이었는데, 특히 첫 인터뷰가
매우 중요했다. 자신의 분야에서 어느 정도 경지(!)에 올랐으면서
사람들이 관심을 가질 만한 인물을 찾아야 했다. 여러 사람이 물
망에 올랐지만 고려해야 할 것들이 너무 많았다. 이는 또 기업의
프로젝트와 철저히 다른 어려움(어른들의 세계)이 있었다.

그렇게 '누굴 해야 하나?'와 '그가 해 줄까?'라는 2인3각 같은 고민에 빠져 있을 때 예능작가로 일하는 (지금의 아내인) 여자친구에게서 지코를 추천받았다. 같이 방송한 적이 있는데 성실하고 바른 인상을 받았다는 것이었다. 참고로 아내는 남 얘기하는 것을 좋아하지 않을뿐더러 특히 연예인 얘기를 내게 거의 하지 않는다. 그런 그의 추천인지라 왠지 더 신뢰가 갔다.

그나저나 문제는 과연 지코가 여기에 응할까 하는 것이었다. 출판을 통한 수익금은 전액 기부할 예정이었기에 따로 섭외비도 책정되지 않았고, 당시 컴백을 앞두고 한창 바쁜 시기라서 스케줄이 맞을지도 관건이었다. 대한민국에서 스케줄 빼기 어려운 두 명을 한자리에서 만나게 하는 미션 임파서블(mission impossible), 항상 섭외로 고생하는 여자친구를 봐 왔기에 섭외를 하기 전부터 걱정이 앞섰다.

그러나 웬걸?! 역시 난 실력 대비 운이 좋은 놈이다. 기획 취지에 공감했다며 예상외로 지코와 그의 소속사는 흔쾌히 응해줬고 스케줄도 최대한 맞춰주는 등 일이 생각보다 어렵지 않게 진행되었다. 결국 미션 파서블! 또 현장에서 그가 보여준 모습은 어떤가? 알게 모르게 힙합이란 낯선 문화에 대해 갖고 있던 내 편협함을 시원하게 날려줬다. 특히 그가 가사를 쓰는 이야기를 할 때는 마케터인 나의 고민과 크게 다르지 않았다. 그는 뛰어난 뮤지션인 동시에 뛰어난 마케터였다. 인터뷰 내용이 궁금한 이들은 브런치에서 '몰라서 물어본다'를 검색해 보라.

지코뿐만 아니라 다른 8명의 인터뷰이 모두 어렵게 섭외를 하고 밤마다 그들의 일터로 찾아가 소담소담 대화를 이어갔다. 나도 덩달아 수업 받으러 가는 기분으로 따라다녔다.

사실 〈몰라서 물어본다〉는 일거삼득을 노린 기획이기도 했다. 당연히 그들과의 대화 도중에 서울시의 청년 정책들을 홍보할 수 있을 거란 판단이 있었다. 영향력 있는 이들의 입을 빌려 정책을 보다 널리 알릴 수 있는 기회인 셈이다. 또 무엇보다 박원순에 대한 긍정적인 PI(president identity, 최고경영자의 이미지)*를 만드는 데에도 도움이 될 거란 기대도 있었다.

사람들의 이야기에 귀 기울일 줄 아는 사람, 체면 때문에 모르는 것도 아는 척 눙치는 것이 아니라 자기 것으로 만들기 위해 필기까지 해가며 직접 질문할 줄 아는 사람, 바로 이런 것들이 내가 경험한 박원순이었다. 이는 사적인 자리에서 처음 그에게 받은 인상이기도 했고사실 이런 모습에 코가 꼈다… 어쩌면 앞으로 사람들이 정치 지도자에게 원하는 부분이 될지도 모른다는 생각에 얼른 그의 이런 면을 세상에 보여주고 싶었다.

그렇게 그는 나의 믿음을 저버리지 않고 총 5개월 동안 퇴근 후 늦은 밤에 지코를 시작으로 뷰티 크리에이터 씬님, 사진관 '시현하다'의 김시현, 72초 TV의 진경환, 일러스트레이터 아방, 스타

©최창락

트업 CEO 신상훈, 패션디자이너 기남해, DJ소울스케이프, 웹툰 작가 무적핑크까지 총 9명의 일터로 직접 찾아가 박원순스럽게촌스럽지만 격 없이 인터뷰를 진행했다.

　그 과정에서 그는 뉴스로만 접하던 세상을 실제로 맞닥뜨리면서 현타*가 오기도 했다. 유튜브나 스타트업과 같은 새로운 분야뿐만 아니라 문화산업 전반에서 실제로 활약을 하고 있는 이들의 생생한 이야기들을 들으며 자신이 청년들의 삶을 얼마나 피상적으로 이해하고 있는지를 알게 됐다고도 했다. 그러면서 인터뷰 때마다 인터뷰이들에게 "선생님"이라며 제자로 받아달라고 응석님아 자제요 (?)을 부리는 바람에 그분들이 오히려 난처해하기도 했다. 지코 앞에서 랩 할 때는 식은땀이 흐르드르….

타인의 시선에서 배우다

이 프로젝트를 시작하기 전에는 과연 끝까지 할 수 있을까 걱정이 앞섰지만 몇 개월 동안 지켜보며 진행하길 잘했다는 생각을 했다. 그는 평소 익숙하지 않은 영역을 다루면서도 끝까지 겸손한 자세로 낯선 문화를 받아들이려고 노력했고, 현장에 있던 스텝들은 그의 그런 모습에 살짝 감동 받기도 했다.

결국 이 프로젝트는 브런치를 통해 5개월가량 연재되며 200만 뷰가 넘는 높은 호응을 이끌어냈고, 특히 지코와의 만남은 뉴스룸에서 손석희 앵커가 언급할 정도로 화제가 됐다. 그리고 그는 자신의 경험들을 많은 이들과 나누고 이 수익금으로 청년들을 위해 기부할 생각으로 출판도 했다. 그러나 잘 팔리지는 않았다…

그래서 많은 분들이 보지 못한 불운의 책 《몰라서 물어본다》에 있는 에필로그를 살짝 소개한다. 젊은이들을 이해하고 싶은 으르신들에게 추천한다. 이게 바로 눈높이 교육이다.

처음 출판사와 만나서 〈몰라서 물어본다〉 기획에 대한 회의를 할 때 편집자는 내게 하고 싶은 대로 마음껏 해도 된다고 했다. 전문편집자가 준비하는 질문이 아닌 '박원순만의 시선'으로 질문을 해 달라고 했다. 의아해서 그 이유를 물었더니 아재의 감성으로 세대 공감을 이끌어내기 위함이라고 했다. 편집자는 요즘 청년들의 생활이나 생각을 기성세대들의 눈높이에서 관찰하고 이에 대한 궁금증을 풀어보자는 시도라고 설명해 주었다. 그 시도가 마음에 들었고, 나조차도 억지로 이해하는 척하는 것이 아니라 진짜 내가 이해되지 않으면 안 된다고, 모르면 모른다고, 그러니 알려달라고 말하는 게 솔직하고 편한 것 같아 흔쾌히 받아들였다.

대신 편집자는 딱 두 개의 질문만은 빼놓지 말아달라고 부탁했다.

예능 프로그램에 나오는 마무리처럼 진행해달라는 요구까지 함께.

"당신에게 서울이란?"
"당신에게 박원순이란?"

하나는 인터뷰이들이 각자 서울에 대해 느끼는 인상이나 느낌에 대한 질문이었고, 다른 하나는 인터뷰를 마친 뒤 나에 대해 느껴지는 다양한 감정들을 물어보라는 것이었다. 서울시장이 인터뷰이들에게 서울에 대해 물어보는 것은 어색할 것이 없었지만, 뜬금없이 상대를 눈앞에 두고 내가 어떤 사람 같은지 말하라고 하는 것이 낯간지럽게 느껴졌다.

사실 사람 앞에다 놓고 누가 솔직히 나쁜 이야기들을 하겠는가? 당연히 칭찬만 하고 말 테고 그럼 뻔한 답변만 나올 텐데 굳이 이걸 해야 하는 것인지 반문을 했지만 자신들을 믿고 해 보자고 했다. 그리고 나중에 답변을 듣게 되면 알게 될 것이라는 말을 남겼다.

그렇게 바쁜 일정 속에서도 퇴근 후에 젊은 전문가들을 만났고 격식을 차린 인터뷰가 아닌 마을 평상에 두런두런 앉아서 수다 떠는 것 같은 기분으로 대화를 나눴다. 그리고 그동안 내가 간과했던 것들이나 미처 생각하지 못한 부분들까지 배우는 시간이었다. 나이차를 떠나 타인의 시선으로 세상을 엿보는 재미도 함께 얻었다. 무엇보다 인터뷰이들이 남긴 나에 대한 정의들을 모아 보면서 그들의 발언의 기저에는 연결되는 지점이 있다는 것을, 그리고 편집자는 내게 이걸 알게 해 주기 위해서 그토록 민망한 질문을 시켰던 것이다. 몇 명이 남긴 정의를 보면,

"워낙 높으신 분이라 마냥 어렵게 생각했는데 실제로 대화를 나눠보니까 '이런 분이 서울시장이라서 안심된다'는 생각을 했다."_김시현

"평소 정치인이 보이는 소탈함은 쇼라고 생각했는데 그렇지 않은 사람도 있다는 것을 깨달았다."_신상훈

"시장은 한성판윤, 무려 정2품! 그리고 천만 시민을 살펴야 하니 많은 고민을 해야 하는 사람."_무적핑크

"시장은 내게 '세상이 많이 달라졌구나'를 느끼게 해 준 사람. 시장이 기업가가 아닌 문화예술인을 만나는 것을 보고."_DJ소울스케이프

그렇다. 그들의 눈에는 박원순이란 정치인은 이미 기성세대이자 기득권이며 그들을 잘 이해하지 못할 것이란 가정이 이미 깔려 있었다. 나는 스스로를 아직 열정을 갖고 뛰어다니는 청춘이라고 생각하며 열심히 노력하고 있었지만 이미 사람들의 눈에는 최장수 서울시장이며 유명 정치인 중 하나였다.

인권변호사 시절이나 시민사회 운동가 시절부터 함께 동고동락한 이들에게는 여전히 동료이자 이웃이지만, 어쩌면 지금의 젊은이들에게는 나 역시 그들과 소통이 안 되는 '꼰대'로 보일 수밖에 없겠다는 생각이 들었다. 한 기사를 보니 '꼰대는 스스로가 꼰대인지를 모른다'는 말이 있었다. 어쩌면 그 말이 지금의 나를 가리키는 말은 아닐까 스스로를 한번 돌아보게 됐다. 혹시 내 기준에서만 옳고 그름을 판단하지는 않았던가? 그리고 그걸 강요한 적은 없는가? 사실 급식체 좀 안다고, SNS에 글 올릴 줄 안다고 꼰대가 아닌 게 아닌데.

꼰대가 되지 않기 위해서는 변화하는 세상에서 그 흐름을 잘 파악하고 자신의 경험을 절대화해서 타인에게 강요하지 않는 것이 우선시되어야 한다. 그것만 한다고 해서 시장으로서 의무가 끝나는 것도 아니다.

지금 우리 사회는 개인의 의지와 노력만으로는 극복하기 힘든 현실적 문제들로 가득 차 있다. 이러한 현실 속에서 공동체를 복원하고 각자도생이 아닌 사회적 우정을 바탕으로 내 옆을 함께 돌아볼 수 있는 사회로 거듭나야 한다. 그러기 위해서는 다양성을 인정하고 배려하면서 그 안에서 중심을 잡고 공동체가 나아갈 길을 모색해야 한다. 그것이 바로 꼰대가 아닌 '선배'가 해야 할 일이라고 생각한다.

나는 우리 청년들에게 좋은 선배가 되고자 한다. 그렇다고 '내가 해 봐서 아는데'라고 말하려는 것이 아니다. 그리고 조금 더 욕심을 내보자면 조금 나이는 많지만 잘 통하는 친구가 되고 싶다. 내가 가진 경험과 지혜를 공유하기 전에 그들이 행복할 수 있는 삶에 대해 우선 열심히 듣고자 한다. 내 기준에서의 행복이 아니라 그들이 생각하는 다양한 행복과 삶에 대해서 들어보고자 한다. 사회적 우정을 바탕으로 한 친구 관계라면 그 정도는 할 수 있어야 하지 않을까?

또 그들에게 기회를 주고자 한다. 대상으로서, 객체로서가 아니라 주체로서 스스로 판단하고 결정할 수 있도록. 그들은 참여를 통해 성장하고 더 올바른 내일로 나아갈 것이고 그때 선배들의 역할이 필요하다. 그동안 얻어온 삶의 지혜와 경험들을 공유하고 그 과정에서 일방적인 소통이 아니라, 나 역시 그들에게 내가 나아갈 길에 대해 깨달음을 얻고자 한다.

물론 그 과정에서 이해 안 되는 것들이 많이 쏟아질 것이다. 이번 인터뷰도 사실 그랬다. 낯선 영역에서 성공을 거둔 이들에게는 우리 세대와는 다른 행복과 성공에 대한 인식이 있었고 이를 이해하기 위해서 열심히 질문을 했다. 완벽할 순 없지만 그래도 어렴풋이 깨달은 바가 있다. 모르면 물어보라고 하지 않았던가? 대충 알고 충고하는 것이 아니라 몰라서 물어볼 때 사회적 거리를 좁힐 수 있는 시작이 되고 선배를 넘어 친구가 되는 첫걸음이라고 믿는다.

나는 그가 이 책에서 밝힌 바와 같이 꼭 우리 후배들에게 좋은 선배가 되어주었으면 한다. 그리고 그라면 충분히 가능하지 않을까 하는 기대를 여전히 가지고 있다.

늘 건강하소서, 사장님!

하이파이브가 불러온 마법

박원순 시장과 일하면서 자연스럽게 퍼스널 브랜딩에 집중하게 됐다. 특히 그의 선거캠프에서 PI 기획을 맡으면서 그의 브랜드를 극대화할 수 있는 보다 실질적인 기획을 만들고 싶었고, 그때 생각해낸 것이 바로 하이파이브였다. 소비자들이 브랜드를 처음 만나는 순간이 중요하듯, 유권자들이 박원순이라는 정치인을 처음 만나는 그 순간에 조금 더 깊은 인상을 주기 위해서였다.

대중의 지지와 사랑을 받아야 하는 정치인과 연예인은 실제로 대중과 만나는 순간이 매우 중요하다. 첫인상으로 매우 많은 것들이 결정되기 때문이다. 그렇기 때문에 사람들과 첫 대면하는 순간에 대한 고민이 필요하다. 다만 이런 고민이 너무나 기술적이거나 전략적인 접근이라면 상대방도 느낄 것이기에 너무 작위적이어서도 안 된다. 대체 어쩌란 거냐?

정치인의 인사, 악수

이런 상황에서 우리는 일반적으로 악수를 택한다. 상대에게 우호적이라는 메시지를 던질 수 있는 가장 보편적이고 안전한 방법이다. 살짝 밋밋한 면이 없지 않다. 정녕 이게 최선인가? 그래서 먼저 악수에 대한 공부를 좀 했다. (이게 평소 내가 일하는 스타일인데, 뭔가 새로운 것을 만들어내기 위해서는 우선 기존 방식에 대한 학습이 선행되어야 더 좋은 결과가 나온다고 믿기 때문이다.)

악수의 유래에 대해 명확하게 밝혀진 바는 없지만 일설에 따르면 서로의 손에 무기가 없다는 것을 증명하기 위해 시작된 행위라고 한다. 무기가 없다는 것은 곧 상대방에게 적의가 없음을 보여주는 것이기에 주로 무기를 쥐던 오른손을 서로 맞잡으며 상대방에게 신의를 보여주고 관계의 평등함을 확인시켰다고 한다. 그러면 나 같은 왼손잡이들이 나쁜 마음만 먹으면 악수하는 척하며 왼손으로…?

그러나 시간이 흐르면서 악수가 인사나 감사, 화해 등의 의미를 나타내는 기본적인 인사법이 되면서 각자 한 손만 쓰던 특정 행위가 이제는 다양하게 확장이 되어서 서로가 두 손을 맞잡기도 하고, 관계상 서열이 낮은 한 사람만 두 손을 내밀기도 한다. 이처럼 악수 행태를 통해 우리는 관계의 서열을 알 수 있고, 악수라는 행위를 통해 오히려 권력 관계를 더 굳히게 되기도 한다. 악수를 하는 상대방이 나보다 연장자이거나 지위가 높을 때 우리는 허리를 굽히거나 두 손을 모으는 등의 예절 교육을 받는 것이 대표적인 경우라고 할 수 있다.

정확히 어디서 그렇게 가르쳐줬는지 기억은 나지 않지만, 우리는 자신보다 서열이 높다는 판단이 들 경우 자연스럽게 몸을 앞으로 기울이며 두 손을 내밀거나 왼손을 오른팔에 살짝 붙인다. 그러나 군대에서 그렇게 하면 또 혼난다… 어쩌라고!

이처럼 단순히 인사나 감사, 화해의 의미를 지닌 악수는 자연스럽게 그 과정에서 권력 관계를 굳히는 역할을 한다. 괜히 더 어렵고 불편해진단 얘기다. 권력 얘기하면 또 빠질 수 없는 곳이 정치영역 아니겠는가? 게다가 정치인이 가장 많이 반복하는 행동 중에 하나가 바로 악수 되겠다.

특히 박원순 시장의 경우 평소에도 워낙 많은 일정을 소화하기에 만나는 사람의 수도 많고, 그만큼 악수의 횟수도 많다. 만져보지 않아서 모르겠지만 그의 오른손과 왼손의 촉감은 아마 다를 것이다. 오른손에 굳은살이 박혀 있을지도 모른다. 굳어 확인은 하지 않았다. 만나는 모든 사람과 그 자리에서 몇 시간이고 대화를 나누기엔 물리적인 한계가 많기에 악수의 '양'도 중요하지만 그에 못지않게 '질'에 대한 고민도 깊어졌다. 물론 때와 장소를 가려야겠지만 꼭 악수만 해야 하는 것인가에 대한 고민까지 곁들였다.

악수보다 친근한 인사는 없을까

어떻게 하면 보다 첫 만남에서 효율적으로 이 사람이 가진 장점이나 캐릭터를 보다 잘 드러낼 수 있을까 하는 고민을 이어갔다. 계속 강조하지만 상대에게 강렬한 인상을 남기는 것도 중요하지만 뽀뽀만한 게 없지… 그렇다고 부담스러운 행동으로 상대방에게 불쾌감이나 당혹스러움을 남겨서도 안 된다. 과하지 않아야 하지만 임팩트가 없어도 안 된다. 마케터들의 끊임없는 딜레마이기도 하다.

선거 기간 동안 그를 처음 만나는 사람에게 어떤 인상을 줄것인가, 그래서 어떻게 하면 사람들에게 이 아재의 내재된 매력을 뿜뿜 할 수 있을 것인가에 대한 답을 찾기 위해 며칠 무작정 그를 관찰했다. 옆에 붙어 다니면서 그가 어떻게 인사를 하는지, 무슨 이야기를 꺼내는지, 악수할 때 손은 한 손을 내미는지 두 손을 내미는지 등 빠짐없이 관찰했다.

그렇게 관찰하다 보니 어느 순간 '그 누구의 잘못도 아닌 괴리'를 발견하게 됐다. 무슨 말인고 하니, 아재는 지난 7년 동안 스스로를 "원순 씨"로 불러달라고 할 정도로 탈권위적인 소통을 강조한다. 그러나 으르신인 그에게 원순 씨라고 부르는 것은 사실 고역이다.

실제로는 어떤지 궁금한가? 실제도 크게 다르지 않다. 그에게 의전과 권위는 별로 중요해 보이지 않는다. 오히려 갑갑해한다. 그냥 그런 양반이다. 한번은 김치찌개 먹으러 갔는데 우리가 사진 찍느라 정신없자 자신이 국자를 먼저 들어서 다른 사람에게 떠주더라. 처음에는 되게 어색했는데 사실 이런 일은 다반사다. 어른이라고 크흠~거리며 남들이 해 주길 기다리진 않는다. 그렇다 보니 이제는 식당에서 그가 먼저 앞접시에 덜어주면 그냥 감사하다고 받는다. 그게 그의 평소 모습이고 여전히 이러한 이미지가 사람들에게 퍼져 있는 것이다. 그나저나 그건 알겠는데….

높은 직함을 가진 어려운 사람

그는 대한민국 역사상 누구보다 가장 오래 서울시장을 역임

한 사람이다. 최초의 3선 서울시장이다. 지금도 매일매일 그 신기록을 달성하고 있다. 마치 KBL의 서장훈이 마지막 시즌에 올리는 득점이 매번 신기록이 되는 것처럼, KBO의 이승엽이 홈런을 치는 족족 대한민국 신기록이 되는 것처럼 박원순이라는 정치인이 서울시장직을 수행하는 매일이 신기록이다. 이제 막 대학생이 된 19학번의 경우 초등학생 때부터 지금까지 그들의 모든 학창시절의 서울시장은 박원순, 한 사람이었다. 서울시장은 박원순이 계속하는 거라고 생각하는 애들도 있다더라.

그는 이제 높은 직함을 가진 '어려운' 사람이 됐다. 그로서는 억울할 수도 있겠지만 스스로는 변한 게 없다고 생각할 순 있다, 이미 사람들은 박원순이라는 정치인을 이미 높은 어려운 사람으로 인식하고 있다는 것이 중요하다. 본인이 어떻게 생각하느냐도 중요하지만 사람들이 자신을 어떻게 인식하고 있는지도 고려해야 한다는 얘기다. 그리고 이제 예순을 훌쩍 넘겼다. '어? 생각보다 안 많은데? 칠순은 넘은 것 같은데?'라고 생각할 수 있다. 이해한다. 솔직히 우리 사회에서 나이라는 '계급'이 주는 영향도 무시하지 못한다. 그렇다 보니 사람들에게 그는 이미 예의를 갖춰야 할 사람이 됐다.

악수를 하는 모습만 봐도 명확히 알 수 있다. 사람들이 그와 악수를 할 때는 다들 공손하게 두 손을 내밀고 목례를 몇 번이나 한다. 그렇게 아재가 아무래 자신을 낮추려고 해도 사람들은 그를

어려워할 수밖에 없다. 이게 바로 '그 누구의 잘못도 아닌 괴리'인 것이다. 그러니 사람들에게 '원순 씨'라고 불러달라는 이야기는 그만하세요…

유쾌한 스킨십은 관계를 부드럽게 만든다

이러한 고민을 통해 떠올린 인사법이 바로 하이파이브다. 이는 그가 지닌 가치를 지키면서도 사람들에게 유쾌한 경험을 줄 수 있을 것이라 판단했다. 유세 기간에 사람들과 만나 악수 대신 하이파이브 하기. 그가 하이파이브 하는 모습을 떠올리기만 해도 얼굴에 흐뭇한 미소가 번졌다.

그렇다면 나는 왜 굳이 하이파이브를 택했을까? 뺨을 한 대 때리는 게 더 강렬할 텐데… 하이파이브에 관한 좋은 선례가 있었기 때문이었다. 예전 직장에서 인터널 커뮤니케이션 캠페인을 담당하면서 출근할 때 굿모닝 인사로 목례 대신 하이파이브를 적용한 적이 있다. 사실 그때의 목적은 데면데면한 상황에서 조금 더 빨리 친근감을 형성해 업무 커뮤니케이션을 높이는 것이었다. 유쾌한 스킨십은 관계를 부드럽게 하는 데 도움이 되기 때문이다.

처음에는 다들 어색해하고 CEO에게 어떻게 인사해야 하나 곤란해했지만 시간이 지나자 사람들의 손뼉 소리가 점점 커지는 게 느껴졌다. 게다가 아침마다 CEO와 하이파이브를 했더니 점점 그가 덜 어렵게 느껴진다는 의견도 있었다. 마법 같은 순간이었다.

눈을 감고 스페인의 축구장으로 날아가 보자. 푸른 잔디밭이 펼쳐진 경기장, 지금 벌어지는 경기는 엘클라시코, 바로 레알 마드리드와 FC 바르셀로나의 31라운드 후반 39분, 스코어는 1:1 동점 상황. 이스코의 패스를 받은 벤제마가 원터치 슛으로 골망을 흔든다. 둘의 환상적인 연계 플레이로 레알 마드리드는 역전을 하게 되고, 이스코와 벤제마는 서로 눈이 마주치자마자 하이파이브를 한다. 어떤가? 어떤 기분이 드는가?

보통 하이파이브를 하는 순간은 환호의 순간이나 축하의 순간이다. 하이파이브를 떠올리면 자연스럽게 유쾌한 기분이 따라온다. 이처럼 하이파이브를 직접 하거나 주위에서 손뼉을 서로 마주치는 것을 보는 것만으로도 우리는 긍정적인 감정을 느끼게 된다. 다양한 연구 결과에서도 하이파이브는 상호간의 심리적 안정감을 준다고 밝히고 있다.

하이 매직, 하이파이브

하이파이브를 제안한 이유는 여기서 끝이 아니다. 내가 더 주목한 것은 하이파이브를 하는 순간 두 사람의 손이다. 예를 들어 아재가 한 손을 들어 청년에게 내밀었다면 그 청년도 당연히 한 손을 갖다댈 것이다. 악수처럼 허리를 굽혀 공손하게 두 손을 살포시 갖다대는 게 어색하다. 또 반대로 이 청년이 두 손을 들어 머리 위로 내밀었다면 아재도 역시 두 손을 번쩍 들어 맞장구를 쳐줘야 한다. 하이파이브하는 그 순간만큼은 적어도 두 사람 간의 권력 관계는 살짝 뒤로 미뤄진다.

그렇게 선거 기간에 악수 대신 하이파이브를 하자는 나의 의견은 받아들여졌고 유세 기간 내내 그는 시민들과 만나는 곳에서 사람들과 신나게 손뼉을 마주쳤다. 덕분에 현장에는 늘 웃음소리가 끊이지 않았다. 시험기간 이대 정문 제외ㅜㅜㅜ 젊은이들뿐만 아니라 연세 높으신 분들까지도 하이파이브 세리머니에 동참을 했다. 어색할 줄 알았는데 다들 좋아하시더라.

하이파이브에 대한 반응이 좋아지자 이를 활용한 브이로그 영상을 제작하기도 하고, 하이파이브라는 키워드 자체를 브랜드화해서 다양한 캠페인에 접목시키기도 했다. 그뿐만 아니라 캠프 1층의 공간을 연출하는 데 하이파이브를 테마로 활용하기도 했다. 무엇보다 획기적인 것은 선거운동 기간 내내 그는 자신의 이름이나 기호가 새겨진 점퍼가 아니라 하이파이브 로고가 새겨진 점퍼를 입고 사람들을 만나러 다녔다.

나는 이것을 '하이 매직'이라고 부른다. 단순히 손(five)만 높게(high) 드는 것이 아니라 어색하고 낯선 이에게 인사(Hi)를 건네며 서로의 마음을 열어주는 마법이기 때문이다.

혹시 당신이 속한 조직의 분위기가 삭막하거나 어색하다면 하이파이브 인사를 제안해 보면 어떨까? 또 혹시 길을 걷다가 박

원순 시장을 만나게 된다면 힘차게 한 손을 들어 올리고 그에게
하이파이브를 청해 보라. 그러면 그는 환한 미소와 함께 당신의
손뼉에 맞장구를 쳐줄 것이다. 얼굴이 작아요 라고 말해주면 더 좋아한다.

참고하도록.

타깃의 범위에 대하여

1. 처음부터 무리하게 타깃의 범위를 넓히지 않는다. 예수(Jesus)도 싫어하는 사람이 있지 않은가(아멘). 시작부터 모두에게 사랑받는 브랜드는 없다.

2. 핵심 타깃(Core Target)을 먼저 꼽아본다. 나와 비슷하거나 특성이 있거나, 아니면 나와 다르더라도 대화가 잘 통하며 공감대가 형성될 것 같은 집단으로 설정한다. 내가 잘 아는 사람에게 이야기를 건네는 게 쉬우니까. 그러나 가끔 의외의 곳에서 터지기도 한다.

3. 유저 데이터를 통해 브랜드의 타깃층을 확인한다. 주먹구구식 느낌적인 느낌으로 예측하지 말고, 광고를 통해 유입되는 유저 데이터를 체크한다. 특히 요즘처럼 따로 솔루션 개발 없이 데이터를 수집할 수 있는 시스템이 갖춰진 환경에서는 이를 체크하지 않는 사람만 손해다. 물론 숫자를 맹신하라는 이야기는 아니다.

4. 타깃의 확장은 욕심 부리지 말고 단계적으로 진행한다. 타깃을 확장할 때에도 기존 타깃들이 소외받지 않도록 배려한다. 신규 유치를 위한 가입 쿠폰을 뿌릴 때에는 기존 고객들을 고려해 그 금액에 상응하는 혜택을 함께 고민한다.

5. 가까운 내 편부터 만드는 데 집중한다. 두 마리 토끼를 잡으려다 잡을 수 있는 그 한 마리마저 놓치면 안 되니. 결국 처음 그 한 마리가 다른 토끼들을 불러올 것이라 믿는다.

억울한 아이. 서울. 유

미니(MINI), 스톤아일랜드, 블루보틀, 아이팟(ipod), 발뮤다, 러쉬, 나이키, 디터 람스, 츠타야북스, 바스통, 네이버, 씽크패드(thinkpad)

그리고 아이.서울.유(I.SEOUL.U)

지금 나열한 것들은 개인적으로 애정하는 '브랜드'들이다. 일반적으로 우리가 브랜드라고 하면 흔히 발뮤다나 나이키 등 기업명을 떠올린다. 아니면 씽크패드나 아이팟과 같이 특정 제품이나 제품의 라인업을 지칭하기도 한다. 또 개인의 업적이나 성과에 따라 그의 이름 자체가 하나의 브랜드가 되는 경우도 있다. 디자이너들의 디자이너라고도 불리는 디터 람스가 대표적인 경우다. 사실 여기에 언급된 브랜드들은 이미 오랜 시간 많은 사람들에게 사랑받고 있는 브랜드들이다. 그러나 이러한 쟁쟁한 브랜드들 사이에서 살짝 뜬금없는 브랜드가 하나 있다.

아픈 손가락 아이.서울.유

안다, 지금 당신이 무슨 생각을 하는지. 서울시에서 일했기 때문에 아이.서울.유에 대한 찬양이나 홍보를 하려는 것은 아니니 그 의심은 잠시 접어두었으면 한다. 참고로 아이.서울.유에 반한 것은 내가 스타트업에 있었던 2016년의 이야기니 잠시 의심을 거두고 인내심을 가지고 이 안타까운 아이.서울.유의 사연을 들어봐 주기를 바란다.

언젠가 기회가 된다면 비운의 도시 브랜드인 아이.서울.유가 탄생하게 된 비하인드 스토리를 통해 이 아이가 가진 억울함을 살짝 풀어주고 싶었다. 만약 끝까지 듣다 보면 당신도 모르게 고개를 끄덕일지도 모른다. 반대로 이걸 보는 박원순 시장은 살짝 언짢을지 모르겠다. 아이.걱정돼.유

2016년 5월, 아이.서울.유가 세상에 처음 공개됐을 때 꽤 난리 (?)가 났다. 그러나 그 난리의 뉘앙스가 썩 우호적이진 않았다. 스스로를 오피니언 리더, 디자인 전문가 또는 영어 전문가(?)라고 자처하는 이들이 자신의 SNS나 언론의 입을 빌어 서울의 새 도시 브랜드를 비난하기 바빴다. 또 이러한 화제성을 이용해 기업의 마케팅팀에서는 아이.서울.유를 패러디한 각종 바이럴 콘텐츠 만들기에 여념이 없었다. 그리고 패러디에서 흔히 볼 수 있듯 재생산된 콘텐츠 중에는 조롱의 뉘앙스가 포함된 것도 있었다.

그러나 몇 년이 흐른 지금의 결론부터 말하자면, 이 새로운 도시 브랜드는 국내는 물론이고 해외 브랜드 전문가들 사이에서도 인정받고 있는 꽤 괜찮은, 아니 상당히 잘 만든 도시 브랜드로 손꼽힌다. 이 브랜드는 결과물로서의 조형적인 완성도뿐만 아니라 다양한 관점에서 흥미로운 요소를 가진 것으로 유명하다.

우선 의미상으로는 I와 YOU를 통해 '공존'이라는 가치를 바탕에 두고, 그 사이에 SEOUL을 배치해서 서울이라는 도시가 지향하는 방향성을 명확하게 드러낸다. 그냥 외국인 관광객들에게 인사hi, seoul만 하고 마는 (직관적일 순 있지만) 밍밍한 녀석과는 가고자 하는 방향부터 다르다. 또 SEOUL이 들어가는 자리에 다른 단어들을 조합할 수 있어 다양한 의미로 해석될 수 있는 확장성을 가진 창의적인 브랜드다. 이를 오픈소스 형태의 참여형 브랜드라고 하는데, 추가로 언어유희의 재미를 선사한다. 예를 들어 'I.행복해.U'(아이행복해유)와 같이 확장형의 경우 충청도 사투리로 읽혀서 내국인들에게는 가벼운 재미를 더한다.

어디 그뿐인가? 세계 3대 디자인상으로 꼽히는 레드닷 디자인 어워드에서 커뮤니케이션 디자인 부문 본상을 수상하는 등 아이.서울.유는 이미 여러 차례 미국, 독일과 같이 디자인 산업이 발달한 국가에서 인정받았다. 우리만 모른다. 지극히 개인적 취향으로 치부될 수도 있지만 (도시 브랜드의 넘사벽이라고 할 수 있는 '아이러브뉴욕'을 제외하고는) 런던이나 LA, 싱가포르, 홍콩 등 세계적인 도시의 브랜드 슬로건에 비교해도 뒤지지 않는 비주얼 요소를 지니고 있다. 이는 어디까지나 당신의 판단에 맡기겠지만 시간 날 때 한번 다른 도시들의 브랜드나 슬로건을 찾아보면 이 말에 공감하게 될 것이다.

결국 브랜드 탓

그렇다면 대체 왜! 이렇게 잘 만들어진 도시 브랜드가 본토에서 이처럼 홀대를 받았던 것일까? 그 이유에 대해서 지금부터 합.리.적.으로 밝혀보고자 한다.

아이.서울.유가 한국 사람들에게 냉랭한 대접을 받게 된 것은 모두 박원순 탓이다. 지금 목숨 걸고 쓰는 거다. 무슨 말인고 하니, 일반적으로 사람들이 떠올리는 박원순이라는 사람이 가진 이미지, 결국 그의 브랜드 탓이란 이야기다. 아재.죄송해.유 물론 이러한 주장을 뒷받침하는 직접적인 근거는 없다. 다만 서울시에 축적된 데이터와 경험적 추론을 통해 내린 나름(?) 합리적 추론임을 주장하는 바다.

그렇게 생각한 근거는 〈마케터, 공무원이 되다〉에서도 밝혔듯 서울시장에 대한 평가와 서울시정에 대한 평가가 일치한다는 데에서 시작된다. 그렇다면 왜 긍정이 아닌 부정일까? 당시는 박원순 시장에 대한 지지율이 그 어느 때보다 높았는데 말이다.

자, 이제 고개를 끄덕일 준비가 됐는가? 본격적으로 들어가보자. 당시 사람들은 서울의 새 도시 브랜드를 아이.서울.유로 결정한 사람이 서울시청의 수장인 박원순 서울시장이라고 당연히 생각했을 것이다. 온라인 댓글만 봐도 사람들이 그렇게 인식했다는 것을 쉽게 알 수 있다. 댓글을 인용하고 싶지만 그 표현들이 너무 원색적이고 욕설이 난무해 차마 인용할 수가 없는 것이 아쉽다.

이처럼 사람들은 아이.서울.유를 박원순 시장이 직접 골랐다고 생각했을 텐데… 그전에 그의 이미지를 한번 떠올려보자. 어떠한가? 왠지 그의 외모를 보면 어딘가 모르게 디자인 쪽으로는 영감각이 없을 것 같고 어떤 것이 디자인적으로 우수한지 전혀 모를 것 같은 이미지를 가지고 있진 않은가? 나만 그래?

본격적으로 그의 이미지, 곧 박원순이라는 사람이 가진 브랜드와 아이.서울.유에 대한 불신 간의 상관관계에 대해 이야기해 보려 한다. 여기서 우리가 생각해야 될 개념이 바로 '정보원의 공신력'(source credibility)이다.

공신력이란 내게 정보를 주는 사람에 대해 믿음을 가지는 정도(라고 충분하진 않지만 이 정도로만 이해해도 읽는 데 무리 없을 것)이다. 그리고 이 공신력을 판단하는 기준으로 '전문성'(expertise)과 '신뢰성'(trustworthiness)을 꼽는다. 여기서 말하는 전문성이란 정보를 주는 사람이 '그 분야에 대해 어느 정도 잘 알고 있는지에 대해 정보를 받는 사람이 받아들이는 정도'로 이해해야 한다. 살짝 어렵겠지만 중요하니 쉽게 설명하자면, 실제로 그가 해당 분야의 전문성을 가진 사람이라도 이미지가 그렇지 않으면 여기서는 전문성이 없는 것으로 판단된다는 얘기다. 실제 여부와 상관없이 받아들이는 사람의 주관에 좌우된다는 것이다.

그러니까 사람들이 생각했을 때 평소 이미지에 따라 잘생긴 전

임시장과 달리 박원순 시장은 왠지 모르게 도시 브랜드, 디자인 같은 분야에 문외한일 것 같아서 그가 결정했을 거라고 여겨지는 아이.서울.유에 대해서도 부정적으로 받아들여진 것은 아닐까? 앞서 말한 정보원의 공신력, 특히 전문성의 결여로 인해 새로운 도시 브랜드를 대중에게 설득하는 데 실패했다는 말이다. 그러니 아이.서울.유가 원래 가진 완성도나 가능성에 비해 사람들에게 인정받지 못한 것은 그의 탓인 셈이다. 만약 이 책이 나온 뒤에 내가 보이지 않는다면…

샤말란 감독도 생각 못했을 반전

재미있는 사실이 있다. 예전에는 몰랐지만 박원순 시장과 함께 일을 하며 알게 된 사실이 있다. 쉽게 믿을 수 없겠지만 실제로 그는 디자인에 관심이 많고엥? 안목이 높은설마 편이다. 특히 그의 캘리그래퍼 실력을 보면 감이 온다. 그는 은퇴하더라도 캘리그라퍼로 살 수 있을 정도로 자신만의 개성 있는 필체를 가지고 있다. 또 그의 핀터레스트 계정에 스크랩해둔 것을 보면 그가 얼마나 디자인에 관심이 많은지도 알 수 있다.

여기에 반전 하나 더! 도시브랜드 담당관에게 직접 들은 내용인데, 당시 아이.서울.유는 박원순 개인이 결정한 것이 아니라고 한다. 당시 서울의 새 도시 브랜드는 특정 전문가에게 맡긴 것이 아니라 콘테스트 방식으로 일반인에게 공모를 했고, 시민 심사단과 전문가 심사단의 공동 심사를 통해 결정됐다. 이른바 첫 시민 주도형 도시 브랜드 사업이었던 것이다. 그리고 더 재미있는 것은 당시 박원순 시장은 콘테스트에 나온 다른 디자인을 더 선호했다고 한다. 그러나 그는 전문가와 시민의 참여로 결정된 사안인 만큼 아이.서울.유로 결정하는 것을 받아들였다고 한다.

이건 좀 충격적이었다. 서울시장쯤 되면 힘의 유혹에 빠지기 쉽다. 특히나 도시 브랜드라는 것은 시장의 시정 철학을 담는 그릇이자 상징일 텐데, 아무리 아이.서울.유가 시민들에 의해 뽑혔다고 할지라도 시장이 반대하면 뒤엎을 수 있지 않았을까?

그러나 그는 그냥 받아들였고, 그래서 지금 우리가 보고 있는 이 아이.서울.유는 그렇게 세상에 나왔다고 한다. 과연 나라면 그와 같은 결정을 내릴 수 있었을까? 누가 내게 이 질문을 한다면 솔직히, 진짜 솔직히 쉽게 입이 떨어지지 않을 것 같다.

개인적 에피소드 하나

아이.서울.유가 공개됐을 당시 페이스북에서 이 브랜드에 대해 많은 의견들이 쏟아졌다. 그중 재미있는 의견이 하나 눈에 띄었다. 자신을 언어, 특히 영어전문가라고 지칭하는 이의 '아이서울유의 언어적 오류와 불편함'에 대해서 지적하는 글이었다.

일단 그의 글은 다소 거칠고 불만 가득했다. 그는 문법적으로, 언어적으로 아이.서울.유를 비판하고 있었다. 그때까지만 해도 나는 서울시와는 전혀 관련이 없었던 일반 직장인이었기에 재미로 읽어 내려갔다. 읽다보니 비판을 넘어 비난하는 투의 글에 거북해졌다. 그 글의 필자는 글을 쓰면서 스스로 탄력을 받은 듯 보였다. 왜 그런 사람 있지 않은가? 말하면서 더 흥분하는. 굳이 이렇게까지 치기를 보여야 할까 싶은 마음과, 도대체 무슨 이유로 이렇게까지 비판을 하나 싶어 끝까지 읽었다.

자신을 영어교육 전문가라고 소개했던 그는 '서울'이란 명사를 동사화한 것에 대해 강하게 비판했다. 자기 주위에 영어를 쓰는 외국인 친구들은 절대 이해 못할 것이라며. 또 한글이 아닌 영어로 지은 것은 한국 특유의 사대주의로 '있어 보이기 위함'이라고 불만을 토로했다. 실소가 터졌다. 내가 왜 이 글을 끝까지 읽었을까 하는 후회와 함께.

늦게나마 이 억울한 아이를 위해 그때 차마 하지 못했던 이야기를 여기에 남긴다.

안녕하세요, 영어교육 전문가님!

요즘 애들이 '포털에 검색해 봐'를 영어로 뭐라고 하는지 아세요? 그냥 'google it'이라고 해요. 사실 명사의 동사화는 어제 오늘의 일도 아니고 나름 서울시에서 '서울하다'라는 의미를 공존할 수 있는, 화합할 수 있는 도시라는 의미로 확장하기 위함인데, 그걸 그렇게 무식하다고 폄훼하는 것은 조금 과한 처사가 아닐까요? 차라리 공존이라는 시정 방향에 대한 문제 제기가 오히려 설득력이 있어 보입니다.

또 도시 브랜드에 그렇게 어법을 따져가며 표현의 미학을 방해할 필요가 있을까요? 일례로 암스테르담의 도시 브랜드인 'Iamsterdam' 조형물 아시죠? 여기는 항상 글자가 안 보일 정도로 사람들이 바글바글 모이는 명소잖아요. 당연히 아실 것 같아서 이 브랜드에 대해 길게 얘기하지 않을게요. 이 브랜드 역시 전문가 님의 주장에 따르면 어법에 맞지는 않지만 이미 많은 사람들에게 사랑을 받고 있잖아요. 표현의 미학을 위한 허용은 어느 정도 받아들일 수 있지 않을까요? 아이.괜찮아.유

그리고 이건 정말이지 꼭 드리고 싶었던 말인데요… 어디 가서 또 말실수하실까 봐 말씀드려요. 도시 브랜드를 영어로 짓는 이유는, 해당 슬로건은 자국 내에서도 소비되지만 본래 해외 관광객 유치와 같이 글로벌 커뮤니케이션을 위한 도구로 많이 쓰입니다. 다소 억울하지만 기본적으로 영어로 만드는 것이 유리한 거죠. 비영어권 국가이면서 우수하다고 평가받는 도시 브랜드를 한번 보세요. 아까 말씀드린 암스테르담의 'Iamsterdam'뿐만 아니라 베를린의 'be Berlin', 도쿄의 'Yes! Tokyo' 등을 봐도 영어를 쓰잖아요? 왜일까요? 이들 모두 있어 보이려고만 그랬을까요?

영어 전문가님, 누군가를 또는 어떤 것을 비난할 때는 기본적으로 충분한 학습을 하고 상대의 의도와 목적을 충분히 파악한 뒤에 해도 늦지 않은 것 같습니다. 물론 지금의 저도 결국 똑같은 사람이 되어버렸네요. 끝까지 참았어야 했는데. 저도 그냥저냥 이 정도밖에 안 되는 사람인가 봐요~

도깨비 방망이, 빌려줄 수 있니?

이제는 산업이나 예술을 넘어 대부분의 영역이 생산자 중심에서 소비자 중심으로 옮겨갔다. 만드는 놈 마음대로 하던 세상에서 이제는 쓰는 놈들의 입맛에 맞게 맞춰야 하는 세상이 왔단 소리다. 그러나, 그런데, 도대체, 왜 아직까지 대한민국 정치씬은 여전히 생산자 중심으로 돌아가는 것일까? 아쉬운 대목이다. 사실 정치인들이야말로 그 어떤 영역보다 소비자(?)에 집중하고 귀 기울여야 하는 곳이지 않은가.

여기서 자칫 잘못 이해하면 오해의 소지가 있는 것이, 소비자 중심이라고 해서 단순히 유권자가 왕이니 정치인들에게 고개 숙이고 비굴하게 굴면서 사람들이 듣고 싶은 말만 골라 하라는 얘기가 아니다. 그런데 선거 때는 잘만 고개 숙이고 그러더라. 적어도 대리인이면 대리인답게, 대표자면 대표자답게 자신의 활동을 쉽고 명료하게 소비자의 언어로 풀어주고 이해시켜 달라는 이야기다. 핵심은 비굴이 아니라 친절이며, 자신들에게 익숙한 언어가 아닌 소비자인 대중의 언어로 바꿔 전달하는 것이다.

What to say VS How to say

사람들의 언어로 바꾼다는 것을 조금 더 자세하게 얘기하자면, 자신의 정치 신념(what to say)을 고민하는 시간과 노력이 중요한 만큼 이 이야기가 사람들한테 어떤 방식으로 전달될지에 대한 고민(how to say)도 깊어져야 한다는 뜻이다. 화자의 언어가

아닌 청자, 지금까지 계속 강조한 타깃의 언어에 대한 공부가 필요하다. 그런데 이게 정치적 성향이나 당적을 막론하고 참 쉽지 않은 것 같다. 특히 연세가 많은 분일수록 더 쉽지 않다. 그들의 공통점 중 하나가 바로 듣는 사람은 안중에도 없이 자기가 하고 싶은 이야기만 주구장창 한다는 거다. 청자에 대한 배려보다는 화자의 목적이 우선한다.

정치는 말로 사회를 움직이고 이끌어가는 일이며, 정치인은 말, 곧 메시지를 내는 사람이다. 볼썽사납게 몸을 쓰는 분들도 있지만 그렇기에 그들은 자신의 메시지를 사람들에게 전달하는 것에 집중하며 매우 중요하게 생각한다. 그래서 그렇게 다들 페이스북과 유튜브를 붙잡고 사는 거 아니겠는가? 그러나 제 아무리 고매한 가치를 지니고 세상에 필요한 이야기인들, 그 이야기가 사람들에게 들리지 않고 와닿지 않으면 그게 무슨 소용일까? 안타까운 대목이다.

더 심각한 문제는 따로 있다. 그들이 만들어내는 메시지가 자신의 경쟁자들과 비교해 그다지 차별점이 없다는 것이다. 특히 표를 잃지 않기 위해 매번 꺼내드는 메시지도 혁신이니 경제니 복지니 청년이니 매번 그 소리가 그 소리다. 특히 선거 공략과 관련된 연설문의 경우 오염된 포퓰리즘으로, 이름만 지우고 읽어보면 누가 누군지 쉽게 분간이 안 될 정도다.

그렇게 들리지도 않는, 차별성도 없는 이야기를 하며 대중과 괴리된 채 자신들만의 생존법칙이 존재하는 섬여의도에 모여 살고 있는 것은 아닐까?

도깨비는 이제 그만

이와 관련해 시청에서 근무하던 시절 선배에게 재미있는 이야기를 들었다. 그는 사람들이 정치인이나 정당인들을 너무 도깨비 대하듯 막연한 두려움을 갖고 있다고 했다. 그들도 알고 보면 그냥 별반 다를 것 없는데 우리가 피하고 있는 것은 아닌지 생각해 봐야 한다고 지적했다. 그의 이야기 덕분에 내 안에 깔려 있는 정치인과 정당인에 대한 무조건적인 불신에 대해 되돌아보았다.

그러나 몇 날 며칠을 생각했지만 내 안에 풀리지 않는 의문과 의심은 여전히 남아 있었다. 어쩌면 그들(정치인 또는 정당인) 스스로 도깨비가 되고 싶었던 것은 아닐까? 우리가 그들을 도깨비로 만든 게 아니라 자신들이 스스로 도깨비가 되어 우리와 떨어져 지내고 싶은 것은 아닐까 하는 의문이 여전히 남아 있었다.

뜬금없이 도깨비 타령인가 싶겠지만… 한국에서는 전통적으로 도깨비를 우리보다 우월한 존재로 여기며, 그들은 마법의 힘을 가지고 나타나 기적을 보여준다. (공유를 떠올리면 쉽다.) 그러면 우리는 또 도깨비 방망이가 만들어준 금은보화와 같은 기적에 열광하며 그들이 만들어준 기적에 감사해한다. 이런 상황이 지속적으로 반복

되면 도깨비들은 어떨까? 어쩌면 자기들끼리 묘한 특권의식을 느끼지 않을까? 가끔 나타나서 뭔가 해 주면 좋다고 넙죽거리니 말이다.

만약 그런 것이었다면 이제 도깨비 노릇은 그만하고 우리의 일상으로 들어와 주기를 바란다. 더 이상 우월한 척하거나 고결한 척하지 않았으면 좋겠다. 또한 낯설지 않았으면 좋겠다. 함께했으면 좋겠다. 쉽게 이야기해 줬으면 좋겠다. 사상이나 신념 말고 우리의 삶을 이야기했으면 좋겠다.

보다 친절해지자. 친절해진다는 것은 결국 사람들이 그 이야기를 쉽게 이해하고 지속적으로 듣고 싶게 만드는 것을 의미한다. 그것은 마케터가 소비자를 대할 때와 크게 다르지 않다.

마케터가 필요한 곳

앞으로 마케터들의 수요가 확대되어 더 많은 마케터들의 유입이 기대되는 영역을 예상해 보라면 나는 주저하지 않고 정치 영역을 꼽는다. 민주주의가 성숙해지면서 자연스럽게 국민들의 정치적 관심이 높아지고, 미디어와 기술의 발달로 정치에 참여할 수 있는 방법 또한 확대되면서 사람들은 직업 정치인들에게 더 높은 수준의 커뮤니케이션 능력을 원하고 있다.

국민들이 원하는 정치력에는 더 좋은 법안이나 정책을 만들고 이를 원활히 집행하는 것이 우선이겠지만 이에 못지않게 요구되는 것이 소통과 공감, 이해를 바탕으로 한 커뮤니케이션 능력이다. 이 커뮤니케이션 능력이란 것도 예전에는 단순히 글솜씨와 말솜씨 정도를 요구했다면 지금 사람들의 눈높이는 그 이상의 것을 요구하는 것 같다. 이성적 능력을 바탕으로 한 정무적 판단 못지않게 공감을 바탕으로 한 감성적 커뮤니케이션이 중요해졌다.

국민들의 이러한 니즈를 충족시켜주기 위해서는 그에 맞는 능력을 가진 전문가가 필요한 법! 입이 있다고 모두가 말을 잘하는 것은 아닌 것처럼 이 업무도 특화된 사람이 필요하며 그런 사람들이 정치 영역에 더 많이 투입될 것으로 보인다.

[대선자금분석] 5.9대선 선거전 디지털서 갈렸다 (중앙일보)
지난 5·9 대선의 가장 두드러진 특징은 '선거전의 디지털화'였다.
각 대선후보 진영이 대선자금이란 실탄을 어떤 곳에 투입했는지를

살펴본 결과 디지털 선거… (후략)

정치 환경의 변화를 잘 보여주는 기사다. 이 기사는 지난 19대 대선에서 사용된 선거 홍보비용을 분석하고 있다. 그 주요 내용으로는 예전보다 디지털 영역에서 선거비용 지출이 늘었고, 이 디지털에 집행한 비용의 규모의 순위와 선거 순위가 일치했다는 말하고 있다. 분석 방향이 살짝 아쉽다.

이 기사에 나온 데이터는 좀 다르게 해석할 수 있다. 이제 우리는 광고와 관련해 온라인과 오프라인을 구분하는 것이 큰 의미가 없는 시대에 살고 있다. 텔레비전을 '시청'하지 않지만 유튜브는 '구독'하는 사람들이 늘어나고 있지 않은가. 예전에나 ATL과 BTL*을 구분하고 온라인, 디지털 영역을 BTL에 포함시켜 메인이 아닌 서브 역할로 간주했지만 이제는 그것도 옛말이다. TTL*, 다시 말해 Through The Line이란 말이 있을 정도로 그 경계를 구분하는 것이 무의미한 시대를 살고 있다.

대신 저 데이터들을 통해서 우리는 전문가의 손길이 닿은 광고의 증가에 대해 이야기해 볼 수 있다. 최근 선거에는 기존에 사용하던 매체(텔레비전, 신문, 라디오 등)뿐만 아니라 새로운 매체(유튜브, 페이스북, 팟캐스트 등)가 대거 유입됐고, 거기에 투입하는 콘텐츠 제작 및 매체 구매 비용이 큰 폭으로 증가되고 있다는 점이다. 쉽게 말해서 매체가 늘어남에 따라 각 매체별 특성을 반영한 광고 콘텐츠들을 기획하고 제작해야 되며, 이것의 질과 양은 예전보다 높아졌다는 얘기다.

바꿔 말하면 매체의 특성을 제대로 이해하고 있고, 각 매체의 특성에 맞게 콘텐츠를 기획하고 예산을 편성하는 등 전문성을 갖춘 마케터의 역할이 중요해졌다는 뜻이다. 높아진 대중의 눈높이에 맞게 더 잘 알고, 더 잘 하는 마케터가 필요하게 된 것이다. 예전처럼 감 좋은 정치인의 개인기로 하는 게 아니라 유저 데이터를 기반으로 의사결정을 하는 등 실제적인 경험과 기술이 필요한 전문영역이 되어버린 것이다. 느낌적인 느낌은 이제 그만…

게다가 마케터의 본질이 무엇인가? 소비자의 니즈를 파악하는 이들이다. 사람들이 무엇을 원하는지, 무슨 이야기를 어떤 방식으로 듣고 싶어하는지를 찾아내는 사람들이지 않은가! 누구보다 정치인은 대중의 이야기에 귀를 기울여야 하니 이는 꽤 괜찮은 조합이 아닐 수 없다. 정치 영역에 전문성을 지닌 마케터가 유입되는 것은 피할 수 없는 흐름이 될 것이다.

다가올 총선과 대선을 준비하는 분들은 하루 빨리 유능한 마케터들을 미리 포섭해두길 바란다. 그들이 지붕에 올라가기 전에 말이다. 닭 쫓던 개가 되기 전에.

친절한 마케터가 되자

1. 친절하게 말한다. 말투보다 내용을. 메시지의 톤보다 메시지에 담긴 내용을 이해하기 쉽게 정리해야 한다는 의미다. 말은 적게 하되, 설명은 충분히! 회사소개서를 정리할 때도, 보도자료를 작성할 때도, 광고 문구를 작성할 때도 친절하게!

2. 내 브랜드에 대해선 당연히 내가 세상 누구보다 더 많이 알 수밖에 없다. 내게 당연한 것들이 다른 이들에게는 늘 낯설다는 것을 잊지 말자. 그리고 내 브랜드를 가장 좋아하는 사람도 나인 것을 잊지 말자. 마케터는 늘 정보의 비대칭성을 고려해야 한다.

3. 상대방이 무엇을 궁금해하는지를 늘 궁금해한다. 마케터로서 내가 하고 싶은, 해야 하는 이야기에만 집착하다보면 커뮤니케이션 상황에서 타깃들은 소외되고 만다. 내가 하고 싶은 이야기가 아니라 상대가 듣고 싶어하는 이야기 중에 내가 해 줄 수 있는 이야기를 해야 한다.

당신은
브랜드를 가지고 있나요?

어학연수, 토익, 오픽, 한자검정시험, 한국어검정시험, 공모전, 재수강, 계절학기, 5학년 2학기, 자원봉사, 인턴까지… 지금 언급한 것들은 취직을 하기 위해, 더 정확히 말하면 스펙을 쌓기 위해 내 20대를 꽉 채운 기록들이다. 사람마다 차이는 있지만 짧게는 1년에서 길게는 8년까지 스펙을 준비한다. 나 역시 남들처럼 '해야 하는 것'들을 하나씩 해 나갔다. 그리고 운 좋게도 남들이 부러워하는 직장에 취직할 수 있었다. 재수 없음 주의!

뭐, 솔직히 운이 좋았다. 더 정확히 말하면 버티다 보니 얻어걸렸다. 무슨 말인고 하니 취업준비 과정에서 내가 만들었던 스펙은 알고 보니 실무에 필요한 능력을 가늠하는 잣대로는 부족했다. 애초에 스펙만으로 누군가의 진짜 실력을 평가할 수 없기 때문에, 그래서 내가 합격한 것은 운이라고 하는 것이다. 조금 과장하자면 대한민국 대부분의 취준생들은 대동소이한 업무 능력을 지녔다고 본다. 본격적으로 차이가 나는 것은 대리 달고부터란 이야기도 있지 않은가. 누구는 붙고 누구는 떨어지는 것이 철저히 그들의 능력이나 실력에 따라 정해지지는 않는다. 다만 운이 조금 더 따라주는 이들이 있고 그렇지 않은 이들이 있을 뿐이다.

물론 채용을 해야 하는 회사 입장에서는 과정의 투명성을 위해 객관적 지표가 필요하다고 주장한다. 그게 곧 스펙이란 것이다. 채용 담당자 중에는 스펙이란 놈이 어쩔 수 없는 필요악이라고 하는 이들도 더러 있다. 다양한 활동을 통해 만들어진 스펙들을 보면서 이를 통해 지원자들의 최소한의 자질이나 성실성을 볼 수 있다고 말하는 이도 있는데, 군이 누군가의 성실성을 보기 위해 이렇게 긴 시간과 많은 비용을 모두가 들여야 하는지에 대해서는 여전히 의문이 남는다. 사회적으로도 봐도 이는 비용 낭비다.

취직해 본 사람들은 모두 공감할 것이다. 막상 회사에 가면 내가 그동안 쌓아왔던 스펙들은 사실 크게 도움이 되지 않는다. 물론 직업에 따라 다르겠지만 내 경우처럼 기업의 홍보실에서 일할 때 2급씩 되는 한자를 읽을 필요도 없고, 토익을 900점 맞을 필요도 없다. 카운터 파트너가 외국인일 경우 좋은 회사일수록 당연히 통역이 붙는다. 물론 잘하면 더할 나위 없이 좋겠지만 토익 900점과 의사소통은 상관관계가 적다는 것을 우리 모두 잘 알고 있다.

결국 지금의 스펙은 개인의 실력을 가늠하는 기준으로 적절치 못하다는 데 다들 공감할 것이다. 더 슬픈 것은 스펙을 쌓는 사람도, 이를 평가하는 사람도 이게 업무 능력을 평가하는 데 실효성이 없다는 것을 어느 정도 알고 있다는 것이다. 그럼에도 여전히 우리 사회는 취준생에게 스펙을 요구한다.

그놈의 스펙

오늘도 여전히 대한민국의 취준생은 스펙 만들기에 여념이 없다. 강남역 근처 카페에서 영어 공부를 하거나 대학가 부근의

코워킹 스페이스에서 공모전 팀플을 하고 있는 대학생들을 보고 있자면 왠지 마음 한구석이 저리다. 이는 지나온 자의 배부른 연민일지 모르겠지만, 나는 감히 이를 내 과거에 대한 후회와 아직도 바뀌지 않은 사회에 대한 분노라기엔 조금 민망하고 불만 정도로 합의로 설명할 수 있다.

누구나 다 알아서 이제는 입 밖에 꺼내기도 민망한 이런 이야기를 굳이 하는 이유는 딱 하나다. 우리 사회는 이제 다른 기준을 제시할 수 있어야 한다.

내가 취뽀*를 했을 때 어머니가 혼잣말로 "끝났다"라고 하는 것을 들었다. 죄송하면서도 묘한 찝찝함이 있었는데 막상 취직을 해 보니 역시나 끝이 아니었다. 이대로 해피엔딩일 것만 같았던 인생은 여전히 다음 미션을 강요하고, 또 다음 미션을 '성공적으로' 수행하기 위해 준비하는 나를 발견할 수 있었다. 게다가 평균 수명도 길어진다는데 나이가 들어서도 이 회사를 다니며 밥벌이를 계속할 수 있을 것인가에 대한 걱정까지 추가되면서 능력과 스펙, 일자리와 일거리 같은 이슈들에 고민이 깊어졌다. 그리고 나와는 전혀 다른 20대를 보낸 친구와 이러한 문제를 같이 해결해 보자는 취지로 창업까지 했다. 우리가 스스로 새로운 기준을 제시해 보겠다는 포부객기를 가졌다.

우리의 화두는 크게 두 가지였다.

"스펙 대신 스킬로 밥벌이를 할 수는 없을까?
학벌이나 자격증이 아닌 각자가 가진 능력으로
평가받게 하는 방법은 과연 없을까?"

"기술의 발달로 인간의 일자리는 점점 줄어들 수밖에 없는 시점에
과연 일자리를 계속해서 늘리는 것이 맞을까?
아니, 정말 늘릴 수 있는 문제인가?
일자리가 아닌 일거리에 초점 맞추는 것을 고려해야 하지 않을까?"

스킬, 이른바 자신이 가진 능력으로 기회돈벌이를 얻고 삶을 영위하는 것은 어찌 보면 너무 당연한 이야기고 너무나 원론적인 이야기지만, 오히려 지금 우리 현실사회에서는 판타지 같은 이야기다. 스킬이 들어가야 할 자리에 스펙(spec)이라는, 정작 영어권에서는 사용되지 않는 언어가 대신하면서 이 현실은 오히려 판타지가 되어버렸다.

이러한 고민을 발전시켜 나가면서 만들고 싶은 시스템이란 것을 조금씩 구체화해 나갔다. 기왕 시작한 김에 제대로 된 판타지를 함께 그려보고자 했다. 우주정복이라도 할 기세로.

스펙이 아닌 스킬로

시스템의 이름은 스킬카드(skillcard)로 정하고 우리는 다음

과 같은 그림을 그렸다. 스킬카드는 단순히 서비스라기보다 일종의 능력관리(skill management) 시스템 구축이 목표였다. 물론 우리는 이 시스템을 통해 다양한 서비스를 제공해서 밥벌이^{우주정복}를 할 계획이었다.

우리는 스킬카드를 통해 사람들이 자신만의 아이덴티티나 브랜드를 정립할 수 있도록 만들고자 했다. 이 시스템에 접속한 개인은 이곳에 자신의 경제활동과 관련된 경험들을 바탕으로 자신의 능력을 구체화하고 이를 제3자가 한눈에 파악할 수 있도록 '스킬화'해서 등록할 수 있다. 이렇게 등록된 스킬은 운전면허증과 같은 ID카드 형식으로 제작되고, 온라인상에서 DB로 저장되어 언제 어디서든 타인과 공유할 수 있다. 또한 지속적으로 업데이트된 정보는 당신만의 살아 있는 '프로필'로써 상대방에게 원하는 정보만을 빠르게 취사선택해 상대에 따라 효율적으로 당신을 소개할 수 있게 된다. 다시 말해 스킬카드라는 시스템을 통해 경제활동을 하는 모든 주체들은 노동자로서의 타인과 구별되는 아이덴티티가 생겨나게 되고, 이 과정을 통해 자기만의 스토리가 탄생하게 되는 것이다. 결국 그 누구와도 구별되는 자신만의 브랜드를 갖게 된다.

그리고 스킬카드는 사람들을 연결한다. 자연스럽게 다양한 사람들과 네트워크를 형성해 가는 동시에 시스템 안에서 새로운 기회와 연결되고 이를 통해 경험의 확장과 능력의 향상을 경험할 수 있게 된다. 또 타인의 능력 현황을 살펴보면서 자신의 현재 역량을 점검하는 계기가 된다. 다만 이 과정에서 스킬의 단순 서열화나 경쟁을 위한 비교가 되지 않기 위한 장치들을 준비해 나갔다. 제일 잘난 사람이 아니라 가장 적당한 사람을 찾을 수 있게 하는 것이 최고만 고집하는 것이 아니라 최선의 선택을 할 수 있게 도울 수 있는 길이라 믿었다.

또한 스킬카드는 사람들을 성장할 수 있게 돕는다. 앞서 말한 것처럼 기회가 편중되지 않는다면 상대적으로 경험이나 스킬이 부족한 이들도 기회와 만나게 될 것이다. 이를 통해 능력의 향상, 이른바 '스킬업'을 하게 되고, 더 다양한 작업, 동료, 직장 등과 같이 새로운 기회를 접하게 된다. 이러한 순환구조를 통해 개개인의 몸값은 올라가게 된다.

독립 노동자 인디워커의 시대

어떤가? 너무 공상과학적인 상상이라고 여겨지는가? 우리는 멀지 않은 미래에 일어날 일이라고 생각했고, 특히 요즘과 같은 시대적 상황에서는 피할 수 없는 흐름이라고 봤다. 그리고 이는 점점 현실이 되고 있다. 우리와 형태는 다르지만 같은 고민을 가진 이들이 회사를 만들고 시장에 나타나고 있다. 드디어 인디워커 (indie worker)의 시대가 열리게 된 것이다.

여기서 인디워커는 인디펜던트 워커(independent workers)

의 내 맘대로 줄임말이다. 인디뮤지션(indie musician)이나 인디영화(indie movie)를 떠올려 보면 쉽게 이해될 것이다. 말 그대로 특정 조직에 속하지 않고 자신의 능력을 바탕으로 독립적으로 경제 활동을 하고 있는 노동자를 뜻한다. 얼핏 프리랜서와 비슷해 보이는데, 엄밀히 따지면 프리랜서도 인디워커의 범주에 들어가는 노동형태 중 하나라고 보면 된다. 인디워커 ⊃ 프리랜서, OK?

요즘같이 실업률이 급증하고, 정부와 일부 대기업이 주도하는 정책만으로 현재의 고용 시장의 판도를 바꿀 수 없는, 저성장이 정상이 되어버린 뉴노멀(new normal) 시대가 장기화되면서 인디워커의 확장은 어쩔 수 없는지도 모른다. 맥킨지의 연구에 따르면 현재 인디워커의 규모는 미국과 유럽 15개국 노동인구의 20-30%(1억 6천 만명 수준)에 달한다고 하며, 인디워커전문 연구기관인 MBO 파트너스는 2021년까지 미국 전체 노동인구의 절반 수준인 46-48% 정도가 인디워커가 될 것으로 전망했다.

이러한 전망과 함께 이미 미국과 유럽에서는 인디워커에 대한 사회적 관심이 증가하고 있고, 이를 위한 다양한 시도와 검토가 이뤄지고 있다. 대표적으로 인디워커가 사회적 생산을 위한 경제활동의 중요한 축으로 자리 잡을 수 있도록 그들의 권익을 보호하기 위한 제도나 방안들에 대한 사회적 논의가 시작되고 있다. 특히 미국의 뉴욕시는 인디워커를 고용할 경우 의무적으로 계약

서를 작성하도록 하는 조례안을 발표하는 등 가장 적극적으로 나서고 있다.

학계에서는 인디워커들의 근무환경이나 만족도에 대한 실태조사나 학술연구도 지속적으로 발표되면서 사회적 환기를 이끌어내고 있다. 확실히 돈냄새를 잘 맡는 맥킨지는 인디워커들의 업무만족도에 대한 설문조사를 진행했는데, 이 자료에 따르면 인디워커로서의 만족도를 기존 직업(정규직 등)과 비교했을 때 근무시간, 상사와의 관계, 분위기 등 총 14개 항목에서 더 큰 만족도를 보인 것으로 드러났다. 다시 말해 그 보고서에는 인디워커들이 자신이 가진 능력을 바탕으로 자신이 '하고 싶은 일'을, '하고 싶은 시간'에 '타인에게 구애받지 않고'할 수 있어서 행복하다는 내용을 담고 있었다.

이처럼 서구사회에서는 인디워커의 성장과 관련한 고용시장의 변화를 단순히 위기로 받아들이는 것이 아니라, 새로운 기회로 이해하고 진화해 나가고 있다. 이러한 변화에 안착하기 위해 인디워커들이 새로운 경제주체로서 자리 잡을 수 있도록 다양한 노력들을 하고 있는 것이다.

거기에 반해 현재 우리의 모습은 어떠한가? 지금 이 자리에서 대한민국의 실업률이나 고용에 대한 지표를 굳이 가지고 오지 않더라도 '좋지 않다'는 것 정도는 모두 공감할 것이다. 그러나 상황이 이러한 데 비해 우리의 대처는 솔직히 조금 아쉽다. 일부 대기업에 의존하는 일자리 창출이나 공무원 수를 늘리는 방식의 일자리 확대 정책을 실행하는 것만으로 이러한 세계적인 흐름을 피해갈 수 있을까? 대통령님과 시장님 두 분 모두 제가 정말 좋아하는 분들입니다…만 그래도 아쉬울 수 있잖아요… 그죠? 앞에 언급한 것들의 방향이 틀렸다는 말이 아니다. 그것은 또 그것대로 지속적으로 가져가야 한다. 감히 나의 얇은 지식으로 현 정부의 정책 전부를 비판하는 것 또한 위험할 수 있다. 그러나 거기에 그쳐서는 안 된단 이야기를 하고자 한다.

이제는 일자리가 아닌 일거리에 대해서 고민을 시작해야 한다. '평생직장'이라고 하는 어쩌면 고대 유물이 될지도 모를 놈을 억지로 붙잡고 있는 것보다는 더 확률이 높은 승부가 아닐까? 자신만의 브랜드를 가진 인디워커가 되어보는 것 말이다. 그리고 나는 그런 도전을 하는 이들이 보다 안전하게 착륙할 수 있도록 도울 수 있는 돈 벌 수 있는 욕망을 오늘도 꿈꾼다.

당신은 자신만의 브랜드를 가지고 있나요?

보도자료 작성을 위한 핵꿀팁

1. 전체적으로 중학생이 이해할 수 있는 수준으로 쉽게 작성한다. 한자어나 외래어의 남용을 피하고, 전문용어와 같이 특수한 경우에는 따로 풀이를 달아둔다.

2. 기사의 화법으로 작성한다. 종종 언론사에서 보도자료를 그대로 받아 기사화하는 경우가 있으므로 명사형 문장 종결은 피한다. 언제든 전체 복붙하시라!

3. 가장 강조하고 싶은 포인트를 도입부로 가져와 임팩트 있게 제시한다. 내가 하고 싶은 말은 많지만 사람들은 모두 듣지 않는다.

4. 문장은 간결하게 쓰고, 종결 어미의 반복을 피한다. 가끔 생각 없이 쓰다보면 문단마다 '밝혔다'가 무한반복 되는 것을 발견하곤 한다. 그만 밝혀라. 잇힝

5. 본문 사이에 관련자나 책임자의 멘트를 직접 인용해 자료의 공신력을 높인다. 그의 직책과 직급을 정확히 확인해두는 것도 필수다.

6. 강조하고 싶은 부분에서는 '특히'를 꼭 활용한다.

살면서 가장 잘 쓴 광고문

마케터는 글을 쓰는 사람이다. 세부적인 역할에 따라 차이는 있을 수 있지만 대개 직접 고객과 만나는 글뿐만 아니라 그 고객을 만나는 준비와 관련된 다양한 글들을 쓰게 된다. 단, 스타트업의 마케터는 '하면 안 되는 일 빼고는 다 하는' 이들이다. 마케터는 자신이 작성한 글을 통해 결국 사람들에게 커뮤니케이션을 이끌어내야 하는 업이기에 글쓰기 능력은 업계를 막론하고 마케터의 필수 스킬이라고 할 수 있다.

나 역시 10년 가까이 글잔재주로 밥벌이를 해왔다. 학술저널부터 보도자료, 기획서와 보고서, 때로는 광고 카피를 쓰면서 업을 이어 왔다. 이러한 글들의 대부분은 사람들에게 정보를 알리거나 특정 행동을 유도하기 위한 '광고문'들이었다. 여기에는 성공한 프로젝트도 있고 아쉬운 프로젝트가 더 많다도 있다. 그중에서 특별히 지금까지 살면서 가장 마케팅 효율(?)이 좋았던 광고문을 소개하고자 한다.

가장 성과가 좋았던 광고문의 정체는 바로 우리 부부의 결혼식에 하객들을 초대하기 위해 썼던 청첩문이다. 따지고보면 결혼식에 초대하는 것만큼 상대방의 시간과 돈을 쓰게 하는 것도 없다. 지인들의 금쪽같은 주말 저녁 시간을, 그것도 4시간이나 되는 시간을 뺏어야 하는데 어설픈 초대글로는 그들을 설득하기 어렵다고 판단해 꽤 공들여 썼다. 무엇보다 기성복 같은 청첩장을 탈피하고 싶었다. 우리

같은 업을 하는 사람들의 지랄병 같은 것일 테다.

아내와 같이 살 준비를 하면서 느꼈던 것 중 하나가 결혼식이라는 퍼포먼스와 그 과정은 철저하게 비용에 따라 등급화된 '기성품'이었고 이미 많은 업체에 의해 '판매'되고 있었다. 그래도 명색이 방송작가와 마케터 부부인데 기왕 '퍼포먼스를 할 거라면' 어설프게 하고 싶지 않았다. 그러나 하나만 알고 둘은 모른다고 했던가… 그때부터 제대로 고생길이 열렸고 다음에 할 때는 그냥 업체에 맡기는 게 가정의 평화와 부부의 멘탈을 지키는 길이란 것을 깨달았다. 결혼을 앞둔 이들은 명심하길!

그래도 우리는 웨딩플래너 없이 하나부터 열까지 모든 것을 직접 기획하고 준비했다. 환경을 생각해서 종이로 된 청첩장을 따로 만들지 않았다. 가장 신경을 쓴 건 기성품이 된 웨딩 세리머니를 철저하게 우리 방식대로 바꾸는 것이었다. 예식 순서는 말할 것도 없이 디테일한 부분인 등장곡과 행진곡부터 사회자의 대본, DJ 파티, 심지어 식장에 깔린 테이블 페이퍼까지 식장에서 제공하는 것이 아닌 우리가 지인들의 도움을 받아 직접 준비했다.

그중에서 가장 고심을 많이 했고 어려웠던 부분이 바로 손님들을 초대하는 것이었다. 가족과 가까운 분들만 모셔서 그냥 이야기 나누고 즐기는 결혼식이 평소 소원이었던 터라 미드를 너무 많이 봤다… 수용인원이 적은 예식장을 예약했더니 초대하는 게 더

욱 애매해졌다. 그래서 예식장 매니저에게 어느 정도 예상하고 부르면 되냐고 물으니 청첩장을 보통 2.5-3배수 정도 돌리면 된다고 하더라. 최대 600명 정도 초대하면 200-250명이 정도가 참석하니 우리 부부의 경우에는 경험상 500명 정도 초대하면 적당할 것이라는 의견을 줬다. 우리 부부는 하객이 많아져서 정신없는 것보다는 적은 분들이라도 즐겁게 즐기다 갈 수 있으면 좋겠다는 생각이었기에 300명 미만으로 초대를 하자고 합의를 봤다. 후우… 결혼식 준비는 처음부터 끝까지 합의의 연속이다. 이것도 명심하길…

우리가 예약한 예식장은 촘촘하게 앉으면 총 200명까지, 만약 인원이 150명이면 여유롭게 식을 보며 식사를 할 수 있고 50명 정도는 따로 마련된 공간에서 식사를 할 수 있는 곳이었다. 우리가 준비한 기획에 따라 원활한 행사를 위해 최적화된 숫자는 150명이었다. 그리고 내가 쓴 초대장을 통해 뿜뿜를 받은 50명을 포함, 총 200명 정도가 목표 타깃이었고, 그들이 데려올 동행인까지 예상해서 최종인원을 계산했다. 막상 초대를 하다 보니 285명으로 조금 늘긴 했다. 엑셀에 리스트를 정리해서 청첩장 전달 여부부터 참석여부 및 동행인원까지 파악해서 정리했다. 직업병이다…

그런데 만약 예식장 매니저의 말대로 초대 인원의 1/2만 온다면? 그간 나의 살아온 인생을 되돌아 봤을 때 1/3이 될 수도 있다고 생각하니 조금 불안하긴 했다. 그러자 아내가 대뜸 "그럼 일일이 다 인사도 드리고 자기 원하는 대로 같이 떠들고 놀 수 있으니 더 좋을 거야"라고 안심시켜 주었다. 그래도 불안한 마음에 초대장을 한 땀 한 땀 열심히 썼다. 그 글은 다음과 같다.

결국, 이렇게 됐네요.
최가희와 신영웅이 당신을 초대합니다.
아! 우선 저희는 실물 청첩장이 따로 없습니다. 청첩장에는 꽤 두꺼운 고급종이들이 쓰이는데 저희도 많이 받아봤지만 매번 처리가 곤란하더라고요. 모으기에는 짐스럽고, 그렇다고 버리기에는 누군가에게 중요한 이벤트인데… 버릴 때는 마음이 안 좋더라고요. 그래서 결국 따로 만들지 않았습니다. 대신 만나는 분들께 조심스레 도장(?)을 찍어드리고 있으니 수첩을 가지고 오시면 좋을 것 같아요. 아니면 손등에라도 찍어 드릴게요.

평생 혼자 살 것만 같았던 저희가 결국 결혼을 하게 됐습니다. 만났다 헤어졌다 일도 많고 탈도 많았던 치열한(?) 시간이 었죠. 그래도 결국, 이렇게 됐네요. 치열했던 시간만큼 앞으로는 행복하게, 그리고 저희만을 위해서가 아니라 세상에 조금이라도 보탬이 되는 삶을 살아갈 테니 직접 오셔서 저희의 다짐에 힘을 보태주세요.

아래는 저희의 웨딩사진입니다. 따로 스튜디오 촬영을 하지 않았어요. 친구들과 여행을 갔다가 즉흥적으로 찍은 사진이 우리의 지난 몇 년을 요약한 것 같아 그냥 서로 딱 이거다 싶었습니다. 그렇다 보니 웨딩 사진에 필수로 등장하는 것이 없네요?!

그렇습니다. 저희의 웨딩사진에는 그 흔한 웨딩드레스가 등장하지 않아요. 그럼 예식 당일에 볼 수 있는가? 결혼식장에서 신부의 드레스 입은 모습을 기대하신 분들께도 미리 사죄의 말씀을 드려요. 사실 저도 신부의 드레스 입은 모습이 너무 기대가 됐지만 본인이 평소에 입는 옷으로 하고 싶다고 해서 드레스가 없는 결혼식이 될 것 같아요. 저 역시도 따로 예복을 하지 않고, 평소에 제가 입는 옷 중에 가장 깨끗한^{비싼} 옷으로 대신합니다. 그럼 대체 신부가 어떻게 입고 나오냐고요? 궁

금하신 분들은 당일 식장에서 직접 확인을 하시면 될 거예요!
이래도 되나 싶으실 정도일 거예요.

　이렇게 초대장을 직접 쓰면서 둘이 함께 했던 사진들을 오
랜만에 찾아봤습니다. 죄다 셀피더라고요. 신부는 잘 나온 사
진만 올리라고 하는데 그냥 제가 좋아하는 신부의 모습 위주

로 올립니다.

저는 이렇게 화장하지 않고 그냥 여행 다닐 때가 가장 예뻐 보이더라고요. 저는 신부가 이렇게 웃을 때 행복해집니다. 이 날도 저희가 싸우지 않고 가장 길게 하루를 보낸 날로 기억해요. 제가 신부에게 아무리 화가 나도 이렇게 제 앞에서 웃으면 저는 무장해제가 되는데, 이걸 알면서도 이용하지 않는 대쪽 같은 신부입니다. 그래서 저 웃음을 저도 그렇게 자주 보진 못해요, 아쉽게도.

예쁘죠? 네, 이건 판타지입니다.

이런 모습은 저도 '사진'으로만 봅니다.

저희는 진짜 많이 싸우지만, 놀 때는 진짜 잘 놀죠. 제 감정의 최고점과 최저점을 매번 갱신하는 그런 대단한 분입니다. 캡사이신 같은 매력이 있죠. 서로의 장단점을 너무 잘 알기에 큰 기대를 품는 대신 서로 봐주며 살아보기로 했습니다. 일단 살아보는 거죠 뭐. 인생 별 것 있을까요?

지난 몇 달 동안 즐겁고 의미 있는 결혼식이 될 수 있도록 열심히 준비했어요. 플래너 없이 직접 하느라, 게다가 선거까지 앞두고 있어서 정신없지만 의미 있는 시간을 '함께' 즐기기 위해서 이것저것 준비를 많이 했습니다. '식'이라기보다는 '잔치'로 생각하고 준비했으니 즐거운 마음으로 토요일 저녁에 봬요.

사실 이 초대장을 보내면서 걱정이 되는 부분도 있었습니다. 저희가 워낙에 작은 규모의 결혼식을 준비하다 보니 어떤 분들에게 이 초대장을 드려야 할까 고민을 많이 했어요. 게다가 요즘 워낙에 일하느라 소원해진 분들도 있는데 그분들께는 한동안 연락도 없었는데 보내야 하나, 그래도 괜히 모르고 넘어가시면 섭섭해하실 수도 있을 것 같아 많이 망설여졌습니다.

그래도 저희가 이렇게 당신께 초대장을 보냈다는 것은, 우리는 예전부터 지금까지 자주 보는 사이거나, 한때 함께 학교나 직장을 다녔거나, 같이 술을 엄청 퍼마셨거나, 일하면서 쌓은 '사회적 우정'이거나… 어떻게든 한때 우리는 잠깐이라도 각자에게 의미가 있었던 사이라고 생각해요.

"한때 우리는 잠깐이라도 각자에게 의미가 있었던 사이"

그리고 시간도 황금 같은 토요일 저녁, 프라임 타임이잖아요. 저희도 워낙에 결혼식에 많이 다니다 보니 곤란하고 불편할 때가 많더라고요. 가긴 가야 하는데 일정이 바쁠 수도 있고 막상 가기엔 조금 상황적으로 불편할 수도 있죠. 저희도 그 마음 다 알기에 부담 없이 가벼운 마음으로 초대장을 보내니 꼭 당일에 오시지 않으셔도, 그냥 축하의 마음만 담아 연락 한 통만 주셔도 감사할 것 같아요.

6월 23일 토요일 늦은 6시 30분, 앞으로 저희 앞에 벌어질 쉽지 않은 여정에 작은 가르침과 덕담을 해 주셔도 되고 박수로 축복을 빌어주셔도 좋습니다. 오랜만에 얼굴 한번 봬요. 저희가 함께 문 앞에서 맞이하겠습니다.

아! 그리고 저희도 그런 적이 많았는데… mutual friend가 없어서 축의금 때문에 당황하거나, 친구들한테 토스하느라 정신없었던 경험 다들 있으시죠? 그래서 더 이상 친구들에게 토스하지 마시고 '토스'하세요. 네이버페이, 카카오뱅크도 모두 열려 있습니다.

신부 최가희, 신랑 신영웅 드림

하객은 몇 명이나 왔을까? 너무나 감사하게도 우리 부부의 예상을 훨씬 웃도는 237명이 참석을 했다. 285명 중 237명 참석, 꽤 높은 호응이었다. 사전에 참석하지 못한다고 미리 연락준 이들을 제외하면 대부분 와준 셈이었다.

신랑 신영웅에게도 너무 행복한 일이고 평생 두고두고 갚아야 할 일이지만, 그에 못지않게 마케터 신영웅에게도 기분 좋은 일이었다. 솔직히 말해서 아내나 나나 살아온 인생이 주위 사람을 잘 챙기고 누구에게나 좋은 인상을 줄 만큼 그렇게 호인(好人) 스타일은 아니기에 자기야 미안 이렇게 높은 참석률은 어디까지나 청첩장에 쓰인 글 때문이지 않을까 조심스레 추측해 본다.

무엇보다 그만큼 꾸미지 않고 진심을 꾹꾹 눌러 담아 썼기 때문에 감히 가능했던 일이 아닐까 한다.

마케터라면 영업 대신 구애를!

설명하기보다는 상대의 마음에 들기 위한 노력을 하고자 한다. 영업이 아닌 구애
를 한다. 만약 무엇을 해야 할지 모르겠다면 당신이 사랑을 시작할 때 무엇을 했는
지 잠깐 떠올려 보자.

- 그(녀)의 취향을 알아내기 위해 노력하지 않았던가?
- 그(녀)를 한 번이라도 더 보려고 달려가지 않았던가?
- 그(녀)의 이상형처럼 보이기 위해 노력하지 않았던가?
- 그(녀)가 좋아하는 것을 선물하지 않았던가?
- 그(녀)가 듣고 좋아할 이야깃거리를 틈틈이 찾지 않았던가?
- 무엇보다, 그(녀)가 행복하길 바라지 않았던가?

좋은 마케터

좋은 마케터란 과연 어떤 마케터일까? 너무나 당연한 말이지만 일을 잘하는 사람일 게다. 그렇다면 마케터가 일을 잘 한다는 건 어떻게 알 수 있을까? 매출이 오르면? 고객 수가 늘어나면? 브랜드 인지도가 높아지면? 평판이 좋으면? 당연한 소리다. 그런데 요즘 내가 궁금해하고 고민하는 건 대체 어떤 스킬이나 자세를 가져야 이런 것들을 달성할 수 있느냐에 대한 것이다.

마케터의 '유능'을 판단하는 합의되거나 공인된 기준이 있으면 좋겠지만, 이러한 기준을 제시하는 것 자체가 쉽지 않다. 물론 다른 업들도 마찬가지일 테지만, 특히나 마케터의 일이란 것이 그 범위를 규정하기가 쉽지가 않다. 특히 요즘과 같이 매체가 다양해지고 디지털 기술이 생활 속에 깊숙이 들어오면서 브랜드가 고객과 만나는 접점이 늘어나는 상황이다 보니, 접점마다 발생하는 커뮤니케이션에 참견해야 하는 마케터의 활동 반경 또한 넓어질 수밖에 없다.

마케터가 해야 하는 업무의 범위가 넓기도 하지만 마케터가 속한 회사의 규모나 업종, 또 마케터마다 가지고 있는 개인의 경험에 따라 실제로 하게 되는 행동도 천차만별인 게 현실이다. 가령 어떤 마케터는 종일 모니터 앞에서 메일만 쳐(!)내고 있을 수도 있고, 어떤 마케터는 직접 크리에이티브를 개발하고 있을 수도 있다. 또 다른 마케터는 지표들을 보면서 숫자의 세계에 갇혀 있을 수도 있다. 게다가 주로 개인플레이가 아닌 팀플레이로 진행되다 보니 개개인의 역량을 평가하거나 우열을 가려내는 것이 더 쉽지 않다.

그래도 '감히' 이야기해 보려 한다. 좋은 마케터가 되기 위해서 놓치지 않았으면 하는 것들을 말이다. 이제 밥벌이한 지 겨우 10년밖에 되지 않은 망둥이지만, (그래서 훌륭한 선배들이 보기에 가소롭기 짝이 없겠지만) 앞으로 더 좋은 마케터, 더 좋은 인간이 될 수 있기를 바라는 마음에서 조심스럽게 입을 떼볼까 한다.

필요한 건, 뚝심

본격적으로 얘기하기에 앞서 마케터가 자주 처하게 되는 상황을 가상으로 보여주고자 한다. 살짝 MSG를 치기는 했지만 만약 당신이 마케터라면 살 떨리게 공감할 수 있을 것이다.

자, 지금은 월요일 아침이다. 으… 안다. 생각하기도 싫겠지만 조금만 참아 달라. 게다가 오늘은 다른 부서의 리더들과 모여서 하는 월간회의 날이다. 당신은 마케팅팀 리더로, 오늘 회의에서 지난 달 마케팅 실적과 새롭게 시작할 마케팅 플랜에 대해 발표를 해야 한다.

10시 정각이다. 회의 시작! 시작은 언제나 그렇듯 영업팀에서 자신들의 지난 실적을 발표하며 데이터를 근거로 이번에 달성해야 할 목표 실적에 대해 언급하며 엄살을 부린다. 그리고는 이어서 부서별로 이 달의 실적과 계획에 대해 짧게 발언을 하지만 아무도 거기에 크게 개입하지 않는다. 잘 모르기도 하지만 지난달과 크게 다르지 않은 내용들이라 딱히 입을 댈 데가 없다. CEO가 중간에 짧게 코멘트 하는 게 전부다. 특히 개발팀 리더의 순서일 때는 다들 먼 산을 보거나 엄한 노트에 낙서만 늘어간다. 당신은 코딩의 '코'자도 모르는 사람이지만 가만있기에도 민망하고 해서 이해하는 척 고개만 끄덕인다.

이제 슬슬 회의는 막바지에 이르고 다들 지루해할 쯤에 하필 당신 차례가 왔다. RFP(request for proposal)*를 대행사에 넘기기 전에 공유 차원에서 발표했더니 갑자기 졸던 눈빛들이 살아난다. 불길한 기분이 드는 것은 어젯밤 꿈 때문만은 아닐 것이다. 당신의 이야기가 끝나기 무섭게 다들 새로운 기획에 대해 개떼같이 달려들어서 한마디씩 거든다.

들어보면 가관이다. 콘셉트에 임팩트가 없다느니, 예산이 많이 들 것 같다느니, 하다못해 모델이 마음에 들지 않는다는 식의 말들이 오간다. 애들아, 이건 RFP일 뿐이야… 거기까지는 참을 만하다. 갑자기 CEO가 입을 연다. 타고난 직감과 본능에 의지해 초인적 능력을 발휘한다.

"아, 음… 이건 좀 느낌이 별로인 것 같아요…"

'느낌? 느 느 느, 느낌? 내 귀가 잘못 들은 건 아니겠지?' 하는 생각과 동시에 표정 관리 들어간다. 사실 이런 일이 처음 있는 일도 아닌데 매번 적응이 안 되는 것도 사실이다.

레드썬! 당신은 이제 현실로 돌아옵니다.

그렇다. 내가 몸담고 있는 이 영역은 잘하는 사람을 찾기 어렵다고들 하지만, 정작 아무나 입을 댈 수 있을 정도로 진입장벽이 높지 않은 신비한 영역이다. 그렇다 보니 업무 진행하는 데 있어 도전(?)을 많이 받게 된다. 물론 이러한 의견들을 통해 꺼진 불도 다시 볼 수 있고, 과몰입된 상태일지도 모를 자신을 객관화하게 해 주는 기회가 되기도 한다. 그렇기에 다른 이의 의견을 유연하게 수용하는 태도도 필요하지만, 그전에 더 중요한 것은 스스로 자신의 결과물에 중심을 잡아야 하는 것이다. 쉽게 흔들리지 않아야 한다.

물론 마케팅이나 브랜딩과 같은 태그들이 붙은 기획들은 정답이 하나만 있진 않다. 더 정확히 말하면 정답이랄 게 없다. 그렇다 보니 내 아이디어가 매력적이더라도 상대의 것도 매력적일 수 있다. 또 내 주장이 논리적이더라도 동시에 상대의 주장 역시도 논리적일 수 있다. 그래서 결정을 내리기가 어렵다. 최종결정권자와 코드가 맞는다면 의외로 쉽게 풀릴 수도 있고, 반대의 경우라면 서로가 지치는 상황이 벌어지기도 한다.

이런 경험들을 바탕으로 내가 고민해 본 좋은 마케터란 결국 자신(팀)의 결과물, 그것이 기획서든, 제안서든, 콘텐츠든 간에 그것들에 대한 확신을 갖고 뚝심 있게 지켜낼 수 있는 사람이 아닐까? 물론 여기서 말하고자 하는 것은 무조건 귀 닫고 자신(팀)만의 길을 가는 돈키호테형 마케터를 얘기하는 것은 아니다.

내가 생각하는 뚝심에는 상식적으로 납득할 수 있는 근거가 필요하고 보편적으로 공감할 수 있는 논리가 선행되어야 한다. 그리고 자신이 밀어붙이는 것의 약점을 상대보다 더 잘 알고 있어야 한다. 거기에 대한 한계를 인정할 줄도 알아야 하며 대비방안도 준비해둬야 한다. (팁을 하나 주자면 미리 말하지 말고 그에 관한 이야기가 나왔을 때 최악~ 내밀면 좋다.) 자신(팀)조차 스스로에 대한 의심이 없는 상태가 됐을 때 비로소 완성된다.

이것이 바로 내가 생각하는 마케터의 뚝심이다. 만약 이런 뚝심이 없는 이가 팀을 이끌고 있다면 그는 자신의 팀원들을 무한 야근지옥에서 지켜줄 수 없을 것이다. 어쩌면 지금도 팀원들과 함께 갈대밭에서 밤새도록 어깨춤을 추고 있을지 모른다.

마케터의 뚝심을 기르는 방법

그렇다면 과연 나는 좋은 마케터가 되기 위해서 무엇을 하고 있을까? 어떻게 해야 마케터의 뚝심을 만들 수 있을까? 지금 나열하는 것들은 효과적인 방법론이라기보다는 그냥 '현재 내가 하고 있는 것들'이기에 그냥 참고만 하자. 개인적으로 어디까지나 나에

게는 효과적이었지만 다른 이들에게는 효과적이지 않을 수 있다. 그리고 효과를 떠나 효율적인 측면에서 좋은 것인지는… 자신 없다.

평소 마케팅계의 '고전'이라 불리는 책들을 '반복'해서 읽는다. 이 분야에 관심 있는 이들이라면 한 번쯤은 들어봤거나 읽어 봤을 《마케팅 불변의 법칙》이나 《스토리텔링의 기술》 같은 책들을 틈틈이 반복해서 읽는다. 어떨 때는 커뮤니케이션 이론서를 꺼내 읽기도 한다. 그중에서도 사람들이 미디어를 대할 때 태도에 관해 연구한 것들을 찾아본다. 한 번 보고 마는 것이 아니라 틈날 때마다 계속 반복해서 읽는다. 다시 읽을 때마다 책을 통해 내가 얻게 되는 것들이 조금씩 확장된다는 느낌을 받으면 짜릿하다.

내러티브가 훌륭한 텍스트나 영상을 항상 가까이한다. 특히 내러티브 측면에서는 '미드'가 압도적이라고 생각한다. 개연성에 있어 빈틈없이 촘촘하다. 특히 캐릭터와 사건의 설정이 빡빡하게 잘 짜진 작품은 감정 흐름이 엉뚱한 곳으로 튀지 않는다. 따로 검색해서 찾아보지 않아도 그 작품 안에서 이해되고 소화된다. DC 히어로물이 욕먹는 이유가 여기에 있다고 생각하는 애타는 배트맨의 Big fan… 그런 작품 속의 캐릭터들을 접하다보면 나와 성향이 다르거나 생각의 틀이 다른 사람의 감정마저도 자세하게 들여다보는 기분이 든다. 결국 인간이 느끼는 감정에 대한 이해의 폭을 넓히는 경험이 된다. 누차 강조했듯이 마케터는 결국 사람들의 마음을 읽고,

이해하고, 이를 바탕으로 움직이게끔 해야 하는 일이다 보니 다양한 유형의 사람들이 느끼는 감정과 욕망을 이해하는 것만큼 중요한 일은 없기 때문이다.

다양한 분야의 마케터들을 만난다. '마님들'과도 지속적으로 고민을 나누고 도움을 주고받지만 전혀 다른 산업에 있는 마케터들을 만나기 시작했다. 주로 트레바리와 같은 곳에서 만난 이들과 대화를 나눈다. 다들 고민들이나 생각하는 것들이 비슷한 듯 다르면서도, 다른 듯 비슷하다. 이런 교류와 교감을 통해서 새로운 영감을 얻어간다.

마지막으로 나만의 패스티시 노트를 쓴다. 정확히 말하면 이제 겨우 쓸 수 있게 됐다고 말하는 게 더 정확한 표현이다. 패스티시 노트는 시 창작 훈련을 할 때 주로 사용했던 방법인 패스티시(pastiche)에서 착안했다.

원래 패스티시란 다른 예술가들의 양식을 명백히 모방한 것, 또는 그런 것들의 양식을 일컫는 말이다. 대학 시절 신춘문예에 도전하면서 훈련을 할 때 주로 패스티시를 했었다. 물론 등단하진 못했다. 구체적으로 패스티시를 한다고 하면, 자신이 모방하고 싶은 기성작품을 놓고 그 시의 구성이나 전개는 따르되, 그 시와는 전혀 다른 자신만의 주제의식과 시어를 사용해 시를 써내려 가는 훈련을 말한다. 그렇게 훌륭한 작품들의 구성과 표현들을 모방하면서도 원래 시가 드러나지 않게 반복 훈련을 한다. 이 훈련방식을 내 업에 적용해 이어가고 있다. 다만 달라진 것은 그때는 시를 썼고, 지금은 브랜드 가이드라인이나 제안서 같은 종류의 글을 쓴다는 것만 다를 뿐이다.

기존의 성공한 프로젝트를 옆에 두고 그걸 했던 선배들의 언어가 아닌 나만의 '시어'로 기획서를 써 내려간다. 온전히 내 것이 될 때까지 고치고 또 고친다. 그렇게 이 오답노트가 두툼해졌을 때쯤이면 '나도 좋은 마케터에 조금은 근접해 있지 않을까' 하는 기대를 하며 오늘도 써 내려 간다.

아직 아는 것보단 알아야 할 게 너무 많고, 해 보고 싶은 건 더 많은 '덜 좋은 마케터'이기에.

좋은 마케터가 되기 위해서 했던 고민

"사람들의 마음을 사로잡는 광고문은 어떻게 쓰는가?"

내가 작성하는 글이 마케팅 기획서든, 제안서든, 광고카피든 그 본질은 누군가와의 소통을 위한 매개이고, 결국 그들의 마음에 들어야 한다. 그렇다면 과연 사람들의 마음을 사로잡는 광고문을 쓰려면 어떻게 해야 하는가? 솔직히 모르겠다. 평생 잘 쓴 글보다는 못 쓴 글이 더 많다보니 감히 이에 대해 말하는 것 자체가 기만일지도 모른다는 생각마저 든다. 다만 경험상 좋은 결과를 가져온 글들에서 공통점을 추려보았다.

1. 브랜드 속에, 제품 속에, 그리고 광고문 속에 나를 녹인다. 단순히 브랜드를 머리로 이해하는 게 아니라 내 생활에 묻을 수 있게 늘 달고 지낸다. 자료만 보지 않고 직접 써보는 건 물론이고, 사람들에게 틈만 나면 이야기한다. 그렇게 '브아일체'의 경지에 이른 채 글을 쓰다보면 어느새 글 속에 나 자신이 녹아들어 간다. 여기서 녹아들어 간다는 것은 내 평소 가치관이나 욕망들이 그대로 투영된 상태를 말한다. 결국 '나 자신을 걸고' 쓰게 되는 것이다.

2. 전체 글 속에 하나의 문장이라도 의문이 들지 않아야 한다. 그러기 위해 모든 문장을 의심해 본다. 그래서 많이 고치는 편이다. 시간이 오래 걸리는 게 단점이다. 혹시나 습관적으로 쓰는 문장이나 상투적인 표현은 없는지 의심한다.

3. 솔직하게 쓴다. 가장 중요하다. 그 솔직함을 바탕으로 상대가 나를 간파할 수 있게 배려(?)한다. 내게는 더 이상 꿍쳐둔 꿍꿍이가 없다는 것을 느끼게 해 주려 한다. 우리는 본능적으로 상대의 속마음을 간파했다고 판단되면 그 이후 상대에 대한 경계가 풀린다. 그 경계를 풀어주면 내가 던지는 이 메시지가 상대에게 한결 깊게 다가갈 수 있다.

말보다 책이 낫네요

저자와 함께 일하게 된 지 오래지 않아 동료가 상을 당해 지방으로 먼 길을 가게 됐습니다. 당시 저자는 같은 팀에서 일하는 직장 선배였습니다. 그리고 저는 팀의 막내 직원이자 직장생활을 한 지 일년이 안 된, 눈에 넣어도 안 아플 주니어 직원이었습니다. 먼 길이며 교통편이 마땅치 않은 상황, 저자는 흔쾌히 "대호 씨, 제 차로 같이 갈래요?" 하시더군요. 어찌나 고마웠는지 모릅니다. 그때까지는 말이죠.

왜냐하면 저자가 할 말이 너무 많았기 때문입니다. 시작은 '박정현'이었던 것으로 기억합니다. 저자도 저도 가수 박정현을 좋아합니다. 박정현 이야기할 때 얼마나 신났는지 모릅니다. 각자가 좋아하는 곡을 이야기하고, 어떤 곡의 어떤 부분을 특히 좋아하는지 이야기하다 정신 차려 보니, 어라? 어느새 저는 고등학교 시절의 저자가 첫사랑을 만났던 성당에 있었습니다.

이어서 대학교 캠퍼스, 대학원 연구실, 미국의 라디오 방송국, 네이버 그린팩토리 등을 따라다니며 스타트업 연합광고로 CPI를 극강하시켰던 때를 비롯한 인생사의 주요한 순간순간을 넘나들고 있었습니다. 정말로 끊임없이 이야기를 들었습니다. 심지어 그는 이야기에 심취한 나머지 중간중간 길을 잘못 드는 일도 있었지요! 자연히 장례 식장에는 생각보다 더 늦게 도착했습니다. 운전도 안 했는데 시간 여행을 한 듯 피곤함이 밀려왔습니다.

조문을 마치고 저자가 "이제 올라가 볼까요?"라고 하는데, 저도 모르게 '또요?'라고 할 뻔했습니다. 친절하게도 집이 어디냐, 집까지 태워다주겠다고 씨익 웃는 저자를 앞에 두고 속으로는 고속버스 타고 싶다는 생각을 했습니다. 흔쾌히 먼 길을 태워준 분에게 송구한 생각이었지만, 어… 오는 길에… 너무 많은 이야기를 듣는 것이… 쩜… 힘들었거든요.

그 후로도 함께 일하면서 더 많은 이야기를 듣고, 그보다도 더 많은 이야기를 나눴습니다. 그런 시간이 흐르며 저자와 저는 더 절친한 사이가 됐고 자연스럽게 깨닫게 됐습니다. 저자와 이야기를 나누면서 많은 것을 배웠다는 사실을 말입니다. '그의 인생 이야기'를 매개로 그의 수많은 경험담과 시각과 관점, 문제 접근 방식 등을 흡수하고 있었습니다.

후배로서 참 감사한 일입니다. 다만 한 가지 아쉬움이 있다면, 제가 이야기를 듣는 시간이 너무나 길었다는 점입니다. 가끔은 어서 야근을 마치고 퇴근하고 싶은데 고민이 필요한 '꺼리'가 있다며 최소 한 시간짜리 이야기를 시작할 때도 있었습니다. 그런 시간이 이따금 괴롭기는 했지만, 더 이상 함께 일하지 않는 지금도 가끔씩 일을 할 때 그의 영향을 발견하곤 합니다. 덕분에 이렇게 보고, 이렇게 할 수 있구나 하는 생각이 들죠. 저자가 행여 뿌듯해할까 봐 직접 이야기한 적은 없지만요.

이 책은 유의미한 성과를 내온 마케터 신영웅의 '요점 정리'입니다. 저는 안타깝게도 수천 시간 분량으로 이 책의 인사이트들을 습득했지만, 여러분은 다릅니다. 이 책은 길지 않습니다. 게다가 원한다면 중요한 부분만 넘기면서 볼 수도 있고, 읽고 싶을 때만 이 책을 읽을 수도 있습니다. 이 책이 여러분이 피곤할 때 찾아와서 말을 거는 일은 일어나지 않는다는 점, 독자 여러분께는 전혀 놀라운 일이 아니겠지만, 제가 볼 때는 상당히 큰 특장점입니다. 부럽습니다.

저자는 결과물이 본인 마음에 들 때까지 노력하는 사람은 아닙니다. 같이 일해 본 바로는 본인 마음에 들어도 의식적으로 한 발 더 뻗기 위해 다시 자리에 앉는 사람입니다. 많은 대목이 유쾌한 추억으로 그려져 있지만 상당 부분은 자신의 한계와 겨뤄온 고통의 유산입니다. 많이 뿌리고 많이 갈고 많이 가꾸었기에 많이 거둔, 정직한 시간의 기록입니다. 많은 분들이 저처럼 유용하게 활용하시기를 바랍니다. 말보다 책이 낫네요.

전 직장동료, 현 아는 동생 이대호

부록

책을 읽으면서 나온 단어나 문장들 중에 혹시 당신에게 낯설거나 그 의미 파악이 힘들었던 부분이 있었나? 만약 당신이 여기까지 오면서 큰 어려움이 없었다면 당신은 진정한 인싸! 이제 책은 그만 덮어도 좋다.

그러나 혹시 몰라 준비했다. 조금이라도 이해가 안 됐거나 헷갈리는 이가 있을 수 있으니 그런 이들을 위해 간략하게 준비했다. 인싸력을 높일 수 있는 쏠쏠한 시간이 되길 바란다.

애정결핍이 브랜딩에 미치는 영향

병밍아웃 '커밍아웃'에서 유래된 말로, 자신의 정체성을 타인에게 드러낼 때 쓰는 신조어. 유래에서도 알 수 있듯이 주위의 시선 때문에 밝히기 어려운 취향을 드러낼 때 쓰인다. 그 예로 어떤 분야의 마니아임을 밝히는 '덕밍아웃', 인터넷 갤러리 이용자임을 밝히는 '갤밍아웃', 누군가의 팔로워임을 밝히는 '8밍아웃' 등이 있다.

"정말 좋아합니다. 이번엔 거짓이 아니라고요." 《슬램덩크》 속 강백호의 대사. 스토리 초반 짝사랑하는 소연에게 잘 보이기 위해 거짓으로 농구를 좋아한다고 했지만, 농구부원으로 성장하며 더 이상 거짓이 아닌 진심으로 농구에 대한 애정이 생긴 것을 보여주는 대사. 등 부상으로 비틀대며 대사를 하던 강백호의 뒷모습을 아직도 잊을 수가 없다.

격차를 줄이기 위해 필요한 힘

뇌피셜 뇌(腦)와 오피셜(Official, 보통 공식입장을 표시할 때 쓰임)의 합성어로, 공식적으로 검증된 내용이 아닌 자신의 생각을 마치 사실인 양 말할 때 사용된다.

노오력 "요즘 젊은이들은 노력이 부족하다"는 기성세대들의 평가를 비꼬는 표현이다. 즉, 취업난 등 청년들의 문제에 대하여 사회적 제도 개선의 필요성을 인지하지 못하고, 오로지 개인의 문제로 치부하는 기성세대의 잘못된 태도를 꼬집는 표현으로 쓰인다.

야마 언론계에서 쓰이는 현장 속어로, 주제나 의미 등 가장 핵심이 되는 부분을 의미한다.

오이를 먹이는 방법 따윈, 없다

그사세 드라마 〈그들이 사는 세상〉의 줄임말이다. 표민수 PD와 노희경 작가의 작품으로, 2008년 10월 27일부터 2008년 12월 16일까지 KBS 2TV에서 방송됐다. 방송국, 그중에서도 드라마 제작국의 생생한 모습들을 조명한다. 감독과 작가, 배우 그리고 그들을 둘러싼 다양한 사람들을 이야기를 보여주며 인생과 드라마 간의 상관관계에 대해 나름의 정의를 내리고 이를 특유의 내레이션으로 극을 이끌어 간다. 개인적으로 〈연애시대〉와 함께 인생 드라마로 꼽는 작품이다.

네이버를 떠난 이유

띵언 명언이란 뜻으로 '명'과 모양이 비슷한 다른 글자인 '띵'을 넣어 만든 신조어다. 이밖에도 띵작(=명작)이나 띵곡(=명곡) 등으로 활용된다.

셀잇 리브랜딩 Rebranding strategy

모멘텀 본래 물리학 용어로 운동량, 움직이는 물체의 추진력을 뜻한다. 기하학에서는 곡선 위에 있는 한 점의 기울기를 나타내며, 경제학에서는 한계변화율을 뜻한다. 특히 주식시장에서 주가가 상승추세를 형성했을 경우, 얼마나 가속을 붙여 움직일 수 있는지를 나타내는 지표가 된다.

컨시어지 서비스 컨시어지는 원래 관리인 또는 안내인을 의미하는 말로, 주로 호텔에서 고객을 맞이하며 객실 서비스를 총괄하는 용어로 시작됐다.

흔히 고객의 짐을 들어주는 것부터 교통, 관광, 쇼핑 등에 대한 정보를 안내한다. 특히 현지에 대한 정보가 없는 고객을 위해 직접 음식점을 추천하거나 고객이 직접 구하기 어려운 티켓도 대신 구매해 준다. 이제는 개념이 확정되어 개인비서처럼 고객이 필요한 정보 및 모든 서비스를 총괄적으로 제공하는 가이드라는 의미로 사용되고 있다. 고객이 처음 맞닥뜨리게 되는 일종의 관문 서비스로 일상적인 심부름을 대행해 주는 것을 포함하는 개념이다. '배달의민족' 등과 같은 배달 앱이나 명함관리 앱인 '리멤버', 세차대행서비스인 '와이퍼' 등이 컨시어지 서비스의 사례로 들 수 있다.

굳이 골 넣는 센터백이 될 필요는 없다

"형이 왜 거기서 나와...?" MBC 〈무한도전〉에서 유래된 일종의 드립으로, 뜬금없는 시점에 그 자리에 정말 어울리지 않는 사람이 등장할 때 주로 쓰인다.

박원순은 왜 지코를 만났을까

PI President Identity. 최고경영자의 이미지란 뜻으로, 최고경영자에 초점을 맞춘 각종 마케팅 활동을 뜻한다. 최근 기업들은 CEO 자체를 하나의 브랜드로 인식하고 이에 대한 이미지 관리를 강조하고 있다. 또 조직의 최고경영자 외에도 영향력을 가진 인물의 브랜딩 활동과 관련해서 사용되기도 한다.

현타 '현자타임' 또는 '현실자각타임'의 줄임말로, 어떠한 행동 이후에 밀려오는 무념무상의 시간을 일컫는 말로 사용됐다. 그러다가 요즘에는 조금 더 확장된 개념으로 자신이 모르던 것을 알게 되거나 새로운 것을 얻은 후에 오는 허무함이나 공허함을 느끼는 상태를 뜻하는 말로 쓰인다.

마케터가 필요한 곳

ATL과 BTL ATL은 Above The Line의 약자로, 전통적으로 4대 매체라 부르는 TV, 라디오, 신문, 잡지에 집행하는 광고를 말한다. 흔히 말하는 매스미디어를 활용하므로 일방향적인 소통만 가능하지만 그 영향력은 크다. 반대로 BTL은 Beyond The Line의 약자로, 이벤트, 프로모션, 텔레마케팅 등 대면 광고 활동을 주로 지칭한다. ATL을 보조하는 수단으로 활용되어 왔다. 그리고 디지털을 활용한 광고 활동도 처음에는 BTL의 영역으로 간주되어 집행되었으나 이제는 메인

광고 활동으로 기획되거나 예산의 규모가 대폭 확대 되는 등 경계가
모호해지고 있다.

TTL Through The Line. ATL과 BTL을 합친 개념.

당신은 브랜드를 가지고 있나요?

취뽀 취업 뽀개기. 취업 준비 동아리이자 커뮤니티 사이트 '취업 뽀개
기'에서 유래한 단어. 일상에서 취업에 성공했을 때 쓰인다.

좋은 마케터

RFP Request For Proposal의 약자로 제안요청서를 의미한다. 대행
사 등에 제안서의 제출을 요청하기 위하여 작성하는 문서로서 정형
화된 양식은 없다. 단, 요청하고자 하는 내용을 충실히 적을수록(=
좋은 제안요청서일수록) 좋은 제안서를 받을 확률이 높아진다는 것
을 명심하자.